合気道のこころ

復刻版

「気」と「理」を和する合気の道

植芝吉祥丸 著
植芝守央 復刻版監修

出版芸術社

白髯をなびかせつつ道場を逍遥した晩年の開祖、在りし日の面影。

合気道開祖
植芝盛平翁

開祖直伝

右 日々道場で合気道の気と理と心とを伝授された若き日の著者。
中 合気道確立当時の壮年期の開祖と五、六歳のころの著者。
左 本部道場内の「開祖資料室」の遺品の前で開祖を偲ぶ著者。

合気道の
心のふるさと
岩間

右上 開祖鎮魂の合気神社（茨城県岩間）の神前に祈る著者。
右下 松林の静寂の中，合気神社参道に歩をはこぶ著者。
左上 当時から「合気道」と高く掲げられてきた正面玄関上の瓦。
左下 現在も昭和20年創建時の姿のままの合気神社付帯岩間道場。

初秋好日，道主自適す

右 心ゆくまで愛刀(銘「阪《ばん》府《ふ》住《じゅう》月《がつ》山《さん》貞《さだ》吉《よし》」)を磨く。
中 学生時代から好んで打つ囲碁。有段の腕前を持つ。
左 墨痕鮮やか，請われるままに色紙に筆を揮う。

合気即愛気。なによりも和を尊ぶ
著者の温顔微笑。

◉合気道のこころ

はじめに――本書の上梓にあたって

本年（昭和五十六年）は、合気道の本部道場が東京に創建されてから満五十年目にあたる。この本がそうした記念すべき年に出版できえたことは、私自身にとって今後長く思い出に残ることであろう。

しかも最近、合気道の発展ぶりはまことに力強く、地味ながらも、関心を寄せてくれる人々は日を追ってその数を増している。随所で話題となり、いまや広く世の一般の注目を集めるにいたっている。このような合気道の順風満帆の発展を、素直に喜んでくれる人々の多いことは嬉しいかぎりである。しかし私どもは、じつはそのたびに深く考えさせられてもいるのである。

先般もある友人と旧交をあたためる機会があったが、その友人は私にこういった。

「君もここまでくるともう安心だろう。合気道の勢いは、はずみのついた毬《まり》のようなものだから、今後は黙っていても自動的に高く跳ね高く躍りあがってゆく一方だよ」と。

私は「いや、だからこそ大変なんだよ。はずむのは結構だが、どこへ飛んでゆくかわからなくなったら大変だから……」と答え、夜の更けるまで語りあったことであった。

昨今の合気道の盛況ぶりは、なるほど、指導者派遣を依頼された私どもがその求めに応じきれないほどである。しかもそれは国内のみならず海外でも同様なのである。

したがって、指導者の未だ派遣されていないところなどでは、時に、ただ技術の真似事を修得した者がその場しのぎの指導をおこなっているような事例も生じる。合気道の本質を理解していない者が指導にあたることほど、危ういことはない。合気道についての誤解をまねくばかりでなく、もし万が一、合気道のありかたに反するような過ちでも犯された日には一大事である。

合気道は現在、それほどまでに重い社会的責任をになわされた存在になっているのである。今回、この『合気道のこころ』の出版を思い立ったのも、ひとつにはそのためであった。少しでも合気道の本旨を、より多くの人々に正しく認識してほしいとの願いをこめて、本書をまとめてみたわけであった。この書は先におなじ講談社より刊行された拙著『合気道開祖　植芝盛平伝』の姉妹篇であり、合気道をつうじて開祖が求めようとしたところのものに、いくらかなりと触れえたと確信するがどうであろうか。

全世界七十万という合気道人の大部分は、意識するとしないとにかかわらず、開祖をとおして高められた〝合気道のこころ〟に共鳴してこの道の修業に励んでいるに違いない。そうした心ある合気道人のもっとも識りたいところのものは、おそらく、無限の変化を含んで展開される技法の根底に流れる高度の哲理を、日々の修業において受けとめることであろうかとも思われる。

本書がそのような意味で、いささかでもこの道を修業されようとする方々のお役に立つことができれば、望外の喜びである。

なお技法については、他に私の著した技法書もすでに数冊をかぞえているゆえ、本書においてはあえて詳細の言及を控えた。「合気道そのもの」を説明しようとするところの原文との関連性に重点をおき、技法そのものの説明は、もっぱら写真構成によって示唆しうる範囲にとどめた。したがって技法そのものの説明は簡潔にすぎるかとも思われようが、本書刊行の趣意をおくみいただき、ご了承いただきたいと思う。

出版にあたっては、ご協力たまわった方々すべてに、心からなる感謝の意を捧げるものである。

昭和五十六年十月

植芝吉祥丸

合気道のこころ／目次

装幀——飯沼　豊
撮影——小林　洋

第一章

宇宙の気と人間の気

◉
宇宙の秩序と調和する静的な一体感。
宇宙の変化に即応する動的な一体感。
合気する
宇宙遍在の根源の《気》と
人間呼吸力に発する《気》。

合気道の独自性への素朴な疑問に

合気道は、いうまでもなく本質的に武道である。日本古来の（記紀以来の）尚武《しょうぶ》の精神的伝統をふまえた、もっとも正統な流れに立つところの武道の一つである。

ということはしかし、合気道が、いわゆる古武術や古武道の技法や方式をそのまま踏襲《とうしゅう》し、そのかたちをただ現代風におきかえたものだという意味ではもちろんない。

戦国乱世の死を賭《と》した実戦攻防の場からおこり、のち江戸時代にいたって様式的にもいわば、〝サムライの規範〟としてほぼ完成の域に達した古武術や古武道は、武士社会がのこした貴重な遺産として歴史的には高く評価されるべきである。だが率直にいって、旧来のままのかたちではやはり明治維新以降の世にふさわしいものとはいえなかった。文明開化後の、近代市民社会一般に受け入れられるべき性質のものではありえなかった。

明治十六年十二月十四日この世に生をうけた合気道開祖、植芝盛平が青壮年時、合気道を創始するにあたってもっとも留意し、もっとも苦心して創意工夫につとめたのも、要はそのような転換期の時代的変化と武道のありようとの矛盾することなき整合の法であった。いかにして、前時代の遺産の存続すべき美点を生かしながら、なお新たなる時代にも容認されうる武道を樹立するか。心情においては古武術・古武道への捨てがたい愛着をいだきつつ、理知判断においては時代錯誤の愚を避け、しかも志《こころざし》においては武道伝統の命脈の蘇生《そせい》をはかること。ここに開祖の、若くしてすでに古武術・古武道によく通じながらも満足せず、あらためて明治末から大正、昭和前期三代にわたりひたむきな努力研鑚《けんさん》をみずからに課した真意があり、めざす非願があったものとおもわれる。

そしてついに、真の武道とは、いたずらに力に頼り他人《ひと》と相対して強弱・勝敗を争うような見てくれの格闘技などではなく、日ごろ同志と相和して切磋琢磨《せつさたくま》をはかりつつ自己の人格的完成をねがう求道《ぐどう》にほかならぬとの結論を得た開祖は、その意味での真の武道であるならば時代を超えて存在する意義があるものと確信。同時に、求道の到達するところは「宇宙遍在の根源の気と人間（我《われ》）の呼吸の気との一体化」であり、心身ともによく真剣なる錬磨の行《ぎょう》をつむことによって人間の気は、おのずから宇宙の気と静的には調和し、また動的には即応しながら絶対不動かつ自在の気の流れ、気の力として発現されるものであるとの哲理に開眼。そこにおいて開祖は「《気》と《理》を和する武道」としての「合気道」のいわば独立を宣したのであった。

このような開祖の苦心研鑚の足跡、および求道開眼の精神的軌跡についてはすでに拙著『合気道開祖　植芝盛平伝』（講談社）において詳述したところであるからここでは省略するが、要するに合気道は、真の武道の第一義が「不断《ふだん》の心身錬磨をもって人間求道の平常の行となす」ことにあるとの信念にもとずいて、開祖植芝盛平が独立独歩、独創したところの新生の武道であり、さらにその後ひろく社会一般への普及・組織化にともなうところの合理的整備がかさねられ、年々名実ともに充実発展してきたいわば「今日《こんにち》ただいまに生きる武道」であるともいうことができよう。

ただし「今日ただいまに生きる武道」であるということは、決してたんに近代化された武道、つまりいわゆる近代武道であるという意味ではない。

合気道は今日ただいま一般にひろく普及し隆盛しているところの他の各種近代武道とはいささかそのおもむきを異《こと》にする。たとえば、ほぼ時をおなじくして明治期に新たなる出発をしながら、やがて体育化の方向をたどり、またとくに戦後急速にスポーツ化、競技化にはしった各種の、近代武道とはまた別な考え方に立っている。道統理念や技法様式あるいは組織運営などの面における当然の差違はさておき、またともに正統な武道の流れをくみ心身錬磨につとめる点については相通ずるものの、少なくとも体育化、スポーツ化、競技化などの方向や方法の点において両者が根本的に相違することは明らかである。

すなわち合気道にあっては、それらの方向や方法をとろうとは思わない。とくに競技化については、まったく別世界のものだといえる。選手制、体重《ウエート》制、試合方式などを否定することがそもそも合気道を合気道たらしめる大前提なのであり、合気道を合気道たらしめる一大特色にほかならないからである。

もちろん、他の近代諸武道が競技化されたことに関しての是非をうんぬんする気はまったくない。戦後しばらく武道への拒絶反応がはげしかった当時のいわば隠れミノとして、また経済成長下の平和繁栄の余暇を利しての普及化の便宜的手段として、さらに昨今は一種武道ブーム的現象をより推進するための方策として、近代武道関係者の多くが競技化に意をもちいた心情や事情をまで否定しようというのではない。事実スポーツ化あるいは競技化が武道普及の戦略として、とくに青少年層の動員にきわめて手っとりばやく有効であることはたしかである。だが合気道は、そのような事実を百も承知しながらも、あえてそうした傾向や風潮に同調することは避けてきたのである。

しかも実をいえば、合気道内部においてすら競技化を時代的要請と解してその採択を進言する者もいた。時にはみずから分派して〝競技合気道〟なる主張をかかげる者も現れたりした。また体育化、スポーツ化、競技化が国民体育大会やオリンピックなどへの参加条件と考えられることから、何かにつけて有利でもあり宣伝にもなると思われ、この点につき真剣に考えられもした。

にもかかわらず、結局のところこうした問題と一線を画してきたことの理由は、明白である。つまり合気道が「日本古来の尚武の精神的伝統をふまえた、もっとも正統なる武道の一つ」であるとの自覚を失わぬためであり、また開祖の「不断の心身錬磨をもって人間求道の平常の行となす」武道第一義の信条をあくまで忠実に守りぬきたいからにほかならない。武道においては本来、開祖の信条の厳守や道統の自覚などがすべての利害得失に優先されるべきであると確信するがゆえにである。合気道が「今日ただいまに生きる武道」でありながら、社会一般からはおうおうにして同類視されるところの他の近代武道とあえて一線を画し、いささか相異《あいこと》なるありかたを貫きつつある姿勢は、そのような、その点に関するかぎりはたぶんに保守的な理由にもとづいているのである。いいかえれば合気道は、かたちにおいては先述したとおり古武術・古武道と相異なりながらも、精神においては近代武道よりもむしろ古武術・古武道に近いといえるかもしれぬ。

このような、新旧いずれの武道ともかかわりながら、しかも新旧いずれの武道とも距離をおくという、既成の新旧の武道概念では多少〝割り切りにくい〟合気道独自のありかたや姿勢は、合気道独自の原理や技法、用語なども相まって、一般にはやや理解にもどかしさをあたえているかもしれない。

「合気道とは何ですか？」といったごく初歩的、常識的な質問をうけて答えても、すぐには相手のはっきりとした納得《なっとく》を得られない場合が少なくないという経験を、おそらく合気道関係者や修業者の多くが味わっているのではなかろうか。そしてじつは合気道関係者や修業者の中にすら、明確な答えをなしえない者が少なくないかもしれないのである。

これは演武大会などでしばしば見聞する例であるが、観客としてはじめて合気道を外からかいま見た者、とくに血気さかんな青少年たちの中には、ある種の素朴なとまどいや疑問を隠せない者がいるようである。大別すれば、そのとまどいや疑問は次の二種類に集約されるように思われる。

一つは、より古武術・古武道に類する武道概念の先入観をもって合気道をかいま見た者の場合である。

その疑問は要するに「武道だというからもっと勇壮激烈に力づくで荒技をふるいあい、不屈の闘志や根性をむきだしにして相手を倒したりねじ伏せたり、相手を降参させるような凄い格闘技だと予想していた」のに、合気道の演武が一見いかにも地味でもの静かであり、動きが柔らかく流れるようであり、「どこが見せ場なのかわからないうちに終わって、何か頼りない気がする」とか、「八百長みたいな馴《な》れあいの印象をうけた」といったたぐいのもののようだ。一見してそれとわかる力の強さに憧れる年ごろの、無理からぬ疑問だともいえる。あるいは頭のどこかに武道というものを、えいやッとばかり大声もろとも敵を叩きのめしたり、バッタバッタと敵を切り倒す時代劇のようなものであるとの錯覚が潜在しての疑問だともいえよう。

いま一つは、より競技化された近代武道を見慣れ、その武道概念をもって合気道をかいま見た者の場合である。

その疑問は結局「合気道ではなぜ柔剣道や空手のように練習試合や選手権試合などをしないのか。なぜ演武しかおこなわないのか」ということに尽きるようである。「一戦一戦試合を勝ち抜いてだれがチャンピオンの座につくか、その場面ごとに血わき肉おどる感激や感動をおぼえるのに演武だけでは興味が半減し、見ていてあきてくるのではないか」とか、「演武だけではだれが強いのか弱いのか、だれが上手なのか下手なのかわからない」とか、あるいは「試合という目標があってこそ修業や稽古の励みになるのではないか」といったたぐいの疑問である。これもまた、若さゆえに闘争心にあふれ、つよい刺激や手ごたえを求め、外見的な力や技の優劣の決着をつけたがる年ごろとしては当然の疑問であるといえるかもしれない。中には「合気道をやれば喧嘩《けんか》に勝てますか」といった無邪気な質問をする者などもいるとのことである。

これらの疑問やとまどいが、いまだ合気道の何たるかにほとんど無知であるところからくる単純素朴、あまりにも皮相な見方であり誤解にすぎないことはいうまでもない。

もしたとえば、たんに喧嘩に強くなる格闘術としてのみ合気道を考えてみるような誤解が、その者の自己抑制のきかぬ粗暴な気質に基づく度しがたいものであるとすれば、その者の入門はむしろこちらから願い下げしたい気もするし、いやたぶんその者はより派手な格闘技のほうを選ぶに違いない。しかしそうした特殊な例を除外すれば、前記のような疑問をいだく者の大半はある意味ではむしろ正直であり、たとえ皮相ではあるにせよ、ともかく本人なりに素直に偽らざる第一印象をうけたものと解さなければならぬ。したがってそのような初見者には、疑問をみずから確かめてもらうためにも、また誤解をみずから是正してもらうためにも、一度実際に合気道の門をくぐり実地に合気道を体験してみてほしいと思わずにはいられない。

なぜならば、実際に合気道の稽古をつみ、修業をかさねるうちにその者は、おのずから疑問が誤解に基づくものであったことに気づくはずだからである。合気道に対する漠然たる印象や認識をあらため、正しく合気道の本質をつかみ、有形無形なんらかの収穫を体得するに違いないからである。事実、現在、合気道に深くとらえられている修業者のほとんども、じつは当初五十歩百歩の誤解にみちた疑問をいだきながら入門し、その後じょじょに合気道の特質にめざめ、合気道ならではの独自の魅力のとりことなり、しだいに合気道の奥深い本義へと導かれていきつつあるのではなかろうか。

では、はじめて実際に合気道を体験することとなった入門者は、いったいどのような点からみずからの先入観の誤りに気づきはじめ、合気道をより正しく理解しはじめるのであろう。

べつにあらたまった調査をおこなったわけでもなく、ただ折にふれて耳にする話などからの推察にすぎないが、おそらく合気道というものが、演武などをかいま見てうけたいわば〝外柔〟の印象とは異なり、意外なほど力動的で、しかも関節技や当て身その他の厳しい技を骨子とするいわば〝内剛〟の武道であることにおどろくのではないだろうか。

まず「受け身」からはじまり「間合い」「入り身」「体さばき」にいたる基本段階で、想像以上に機敏で速く激しく強靭な全身協応の連続動作を要求され、それらをこなすためにはいかにはりつめた精神集中力や反射神経や平衡感覚が必要であり、またいかに全身的な筋力や瞬発力や呼吸力を必要とするか、あるいは自分が相手の動きと合わせて動く相対動作がいかに難しいかなどのことにおどろくはずである。そしてさらに「固め技」の「一教(腕抑え)」「二教(小手回し)」「三教(小手ひねり)」「四教(手首抑え)」「五教(基本短刀取り)」とすすみ、一方では「入り身投げ」「四方投げ」「回転投げ」「小手返し投げ」「天地投げ」その他の「投げ技」を習得するにつれ、合気道の技法というものの多様性や合理性におどろくのではないだろうか。

そしてそのような技法面でのいくつもの〝おどろき〟を経るうちに、おのずからそれらの技法が合気道独自の「《気》と《理》を和する」哲理にしたがって組み立てられたものであることが理解され、ようやくにして合気道の何たるかの手がかりをつかみはじめるのである。

つまり、合気道が「不断の心身錬磨をもって人間求道の平常の行となす」ことを第一義とする精神性のつよい武道であることが認識され、したがって、たとえば合気道が試合方式をとらず、ただ「平常の行」のありようを披露する場としての大会で演武のみをおこなうなどの理由も、容易に納得することができるようになるのである。

以上、本節においては、合気道のありかたについての世の一般の初心的な疑問とおもわれる点を念頭におきながら、合気道の武道としての独自性について少しく言及を試みてみた。合気道人口が年々増加の傾向をみせ、合気道についての世の関心が高まるにつれ、おそらくこの種の疑問もまたふえるであろう、と考えたからである。

次には合気道の中核をなす《気》について、要点のいくつかにふれてみたい。

合気する宇宙の気と人間の呼吸力

ここ数年来、にわかに《気》に関する諸説諸論が目立ちはじめているようである。ただしその多くはかならずしも《気》の本質に深く立ち入ったものとはいいがたく、中には古今東西の文献資料を駆使した真摯《しんし》なる研究も見うけられるとはいえ、おおむね一般常識の域を出るものではない。

たとえば、青少年のいわゆるやる気や根気や勇気などの不足を嘆きつつ説諭する警告的な精神論、あるいは競争社会における志気や強気や覇気などの必要を説く処世的な実戦訓、およびいわゆる超能力的な現象を裏づけるために霊気や魂気などの実在を主張する心性論といったたぐいのものである。

率直にいってそれらの大半は、趣旨においては共感をおぼえないではないものの、狙《ねら》いとするところがあまりにも意図的であり、また記述がいささか通俗の感をぬぐえない例の少なからざる点が惜しまれる。あえて厳密にいうならば、それらをもって《気》に関する説や論とみなすことには多少のためらいがある。《気》の本質は、より全人的であると同時に宇宙的であり、より体感的であると同時に哲理的であり、要するにより時間・空間を超えて万物の存在の根源にかかわるところのいわば「生命の元素」であると考えられるからである。

ところで、諸説諸論それぞれの価値の有無はともかくとして注目されるのは、いずれにせよ、《気》にかかわる説や論の増加自体の示唆する意味である。つまりその増加は、背景にそれなりの時代的要請がひろく社会一般にあればこそ可能なわけであり、いいかえれば社会一般に《気》に象徴されるような生命的な思想および行動原理への期待感が強まりつつある証拠だともいえよう。

察するに、はてしれぬまでの科学技術の進歩とそれに支えられた経済繁栄の世にあって、精神的にはかえって飢餓感をいだく者がふえつつあるのではないか。あまりにも物質万能、人為的、管理的に仕組まれた〝おしきせの幸福〟の日々にあって、かえって精神的には不充足感をおぼえる者がふえつつあるのではないか。そしてそのような精神的な飢餓感や不充足感を解消するためにも、みずからの生命力をふるいおこして心ゆくまで燃焼させ、みずからの生命感をなまなましく感受し感得するに足る生き方を探し求めた結果が《気》に行きついたのではないか。

もしそうであるとすれば昨今の《気》の諸説諸論の増加は、年々急増しつつある合気道への関心の高まりともけっして無縁であるとはおもえないのである。

しかも合気道への関心の高まりが、たんに国内のみならず、いまや海外の世界各国において、〝合気道ブーム〟とすらいえるほどの過熱ぶりを示している実態を見れば、前記のような精神的なるもの、生命的なるものへの期待感は、いまや世界的規模すなわち人類的規模をもってひろがりつつあるのではないか、と推測されるのである。

いや事実、私自身、何度かの海外訪問にさいして現地の有能なる合気道修業者や合気道理解者としばしば懇談する機会をえたが、彼らが異口同音に発することばはいずれも先述したような精神的なるもの、生命的なるものへの期待感を合気道に託したものであった。たとえば昭和五十三年九月にブラジル、アルゼンチン、ウルグアイの南米三ヵ国を歴訪した折、ブラジルのサンパウロ州裁判所判事でありサンパウロ法科大学教授でもあるルイス・パンタリオン氏は、大略次のような意味のことを述べている。

「私は人を裁《さば》く職にありながら自分自身の中に利己主義や物質主義が巣くっていることを自己嫌悪していた。私がブラジル合気会の道場に入門したのは、合気道が日本文化の精神性を体現した武道だと聞いたからであった。合気道を修業することによって私の悩みは解消されたばかりでなく、利己主義や物質主義にかわって私の中にそれまで隠れていた精神的な《気》――生命的な人間の魂がしだいに成長していく喜びを実感した。私は人間が大きくなったといわれ、私が裁いたひとびとからも尊敬されるようになった」

また昭和五十五年九月末から十月にかけてパリで開催された「第三回国際合気道連盟大会」の歓迎レセプションの席上、ボンフォン理事長は、ざっと次のような内容のあいさつをおこなった。

「日本の高度の精神文化的伝統を具現した武道である合気道が、高度の芸術文化および騎士道精神の歴史をもつ西欧に受け入れられ、発展するであろうことは理の当然である。そしてまた、せっかく歴史的につちかわれてきた人間的な精神性や生命性を現在いささか見失いかけている西欧の若者たちにとって、《気》と《理》とをもって心身の調和と活性化をはかる合気道は、このうえなく好ましい贈り物となるであろう。合気道と西欧との稀有《けう》なる出合いを心から喜びたい」

　合気道に対するこのような人類的規模における期待感は、ひたすら地味に求道的な心身錬磨の行を貫いてきた合気道にとって、その信条やありようがようやく国内国外に共感をよびはじめたあらわれとして、まことにわが意をえた喜びである。だが同時に、そのあまりにも切実なる期待感にこたえねばならぬ責務の重大さをおもう時、かならずしも手ばなしで喜んでばかりはいられぬ、ある種の心労をすら痛感させられるのではあるまいか。

　なぜならば、すでに前節においても言及したように合気道は、その独自性ゆえに国内一般ですらある種の誤解をまねきやすい一面をもつからである。まして多種多様なる文化様式、生活様式に代々はぐくまれてきた世界各国の入門者が、期待感のいちじるしく先行する入門時はともかく、その後はたしてよく合気道の何たるかを正しく把握し体得しうるものかどうか。もし合気道のがわにおいて、その指導錬成に万全の心の準備、知的な配慮、哲理的な説得力などが欠ける場合には、彼らの期待感は一転して失望感ともなりかねないからである。このことは海外のみならず、国内においても慎重に留意しておかなければならぬ点であろう。とくに、文化様式的にも生活様式的にも多種多様化しつつある現代日本の青少年層に対してはである。技法教習課程《カリキュラム》においては国内国外ともにさほど問題は生じないと思われるものの、こと心的あるいは知的、哲理的なる面での啓蒙指導に関しては、正直、いささかの危惧《きぐ》をいだかずにはいられないのである。

つまり合気道の修業者は、開祖創始時における初心原点を再認識するとともに、あらためて「合気の道」の原理を的確に把握する心構えをしっかりと整えておくべきなのではなかろうか。

ところで「合気の道」に深く関係のある《気》の問題は、一般論的にいうならば、きわめて古くしてきわめて新たなる人間の永遠の研究課題ともいえるほどに深遠かつ難解である。そもそもは古代中国における老子、荘子、淮南子《えなんじ》をはじめとする管子、程子、孔子、孟子らの思想家群によって唱道されたところの東洋哲理の精髄でありながら、それにとどまらず、後世さまざまなる時代的事象や風潮とからみながらさまざまな解釈適用がほどこされ、その意味するところは時代ごとに複雑微妙な変化の差をみせることとなった。

たとえばわが国に輸入された後も、記紀時代には主として本来の東洋哲理としてうけとめられ古代日本人の宇宙観、自然観、世界観、人生観、死生観などをかたちづくる要《かなめ》として信奉されてきたように思われる。すなわち本来の《気》の哲理とは、前記の古代中国思想家たちのたとえば次のような諸説諸論に示されているとみてよいのではなかろうか。

「万物は陰を負いて陽を抱き、沖気《ちゅうき》（調和）以て和を為す」（老子）

「気は生の充てるなり」（淮南子）

「志は気の帥《すい》なり。気は体の充てるなり」（孟子）

「浩然の気」（孟子）

「思い思い、また重ねて思い思いて、しかも通ぜざるに、鬼神はまさにこれに通ず。これ鬼神の力によるに非ざるなり。精気の極によるなり」（管子）

「陽を貴《とうと》びて陰を賤しむべし」（孫子）

これらの諸説諸論が立論の根拠としたところのそもそもの発想は、おおむね老子、荘子、淮南子の宇宙観にもとづいているようである。彼らはたとえば《気》を、虚空なる宇宙（老子のいわゆる「無」、荘子のいわゆる「渾沌《こんとん》」）に生じた万物の元素たる「気体」の成因と解し、「気」の軽きものは「天」となり、さらにその「天気」の集合集約されたものが「太陽」となったと意味づけた。また一方、「気」の重きものは凝固して「地」となり、さらにその「地気」の中よりおのずから「水」が生じたと解釈した。つまり宇宙万物生成の理を「天気」「地気」の二元論によってとらえようとした発想である。そしてその二元論的発想はひるがえって「陽気」「陰気」として理解され、そこからいわゆる「陰陽五行説」あるいは「易・卦」の思想が構成されたこともまた、おそらく周知のところであろう。

「陰陽五行説」においては、五行中の木・火は「陽気」に属し、金・水は「陰気」に属し、土はその中間に位するものとされ、それらの消長・和合・離反などの様相にしたがって天変地異あるいは人事の吉凶禍福などが推理されうるものとされた。また「易・卦」においては、「陽気」を表象するところの「陽爻《ようこう》（⚊）」と「陰気」を表象するところの「陰爻《いんこう》（⚋）」に所属する八卦（乾《けん》・坤《こん》・震《しん》・巽《そん》・坎《かん》・離《り》・艮《こん》・兌《だ》）の組み合わせによって種々さまざまな事象のはたらきと成り行き、および結果などが推断されうるとした。

ごくおおざっぱにみて、東洋哲理の《気》の説や論は以上のごとき「陽気」「陰気」二元論をふまえて唱道されたものであると考えられるのではなかろうか。

この考えは、奈良、平安期に入ったのちも大筋においてはさして変わらなかったものとみられるが、しかしインドより中国を経て流入された仏教思想の影響をうけて、その解釈適用においてはいささかの変化がもたらされたと解される。とりわけ目立つのは《気》と輪廻《りんね》転生《てんしょう》の業《ごう》感、つまり運命観とのかかわりであろう。

それは一方において、自然界とくに草木の発芽・着葉・開花・結実・落葉の周期性に想いを寄せる自然観とむすびつき、「養気」あるいは「回気」「精気」「衰気」など《気》を生物を成長させもすれば衰滅させもする運命支配の自然力であるとの解釈をうんだ。また一方「ものの気(物の怪《け》)」「霊気」「心気」「気色《けしき》」「気分」など人間関係における愛憎を支配する超能力的なるものとしてもとらえられ、ひいては先述した陰陽五行説や易・卦のより呪術化されたかたちとしての陰陽道・宿《すく》曜《よう》道などをうんだことは『源氏物語』その他の当時(平安期)の文芸作品に明らかである。

しかし《気》の解釈適用がもっとも劇的に変化をし、かつ《気》がしきりに論ぜられるようになったのは平安末期の源平時代から鎌倉時代、南北朝期、安土桃山期などのいわゆる戦国時代を経て江戸初期にいたる武士登場の世であろう。絶えまなき戦乱争闘の日常の間にあって、いやおうなしに死と直面させられた武士たちの《気》の解釈が、一方において「志気」を高め「意気」や「勇気」を鼓舞する「元気」としてとらえられ、一方においては死生観とむすびついて「平気」「収気」などつとめて平常心を保つ「気息」としてとらえられた。

そして江戸後期には、徳川幕府三百年の天下泰平の世にあって武術の様式化がすすむにつれ、ひとつにはその理論的裏づけとして、またひとつには武術の形骸化を戒める警告の言として、

《気》の説や論が大いにたたかわされた。したがってこの時代の《気》の説や論は、記述の論理性と訴えるところの内容の精神性がないまざった点に特徴があり、後者の精神性を説くにあたって古来の「陰陽の理」を主として採用している点もまた一特徴であろう。

たとえば柔道とのかかわりが深く、合気道ともまた一脈のつながりがあるところの古柔術「起倒流」の『伝書註釈』の一節には次のようにある。

「起倒は、おき、たおると訓ず。起は陽の形、倒は陰の形也。陽にして勝ち、陰にして勝つ。敵の陰なるには陽を以て勝ち、敵の陽なるには陰を以て勝つ也。（中略）心を剛強にして業《わざ》の強弱なるを自在底といい、吾力を捨て敵の力を以て勝つ、当流気の扱いという是なり。併し力を捨て勝つは理に戻る事多し。只吾は力を出さんとせずして気を取扱えば、敵の力あまりて独り倒る、是れ敵の力を以て勝つ也。取形の上にて可考《かんがえるべし》、則ち、柔能《よく》制ㇾ剛なり」

その他、参考までに二、三の論を引用してみよう。

「機とは気也。敵の気をよく見て、其の気の前にて、あう様に、はたらくを、機前と云う也。禅機とて専禅に、此のはたらきある事也。内にかくして、あらわさぬ気を、機と云う也」（『新陰流兵法家伝書』）

「一切の芸術事（注・武術をふくむ技能的な事柄をさす）の修練によって上手をなすといえども、其の奇妙をなすはみな気なり。天地の大なる、日月の明らかなる、四時の運行寒暑の往来して万物の生殺をなすもの、みな陰陽の変化に過ぎず。其の妙用は言説の尽す所にあらず、万物其の中にあって其の気を以て其の生を遂《と》ぐ。気は生のみなもとなり、此の気かたちをはなるる時は死す」

（『天狗芸術論』）

以上ごくおおまかに、わが国の《気》についての解釈の時代的変遷の跡をたどってみたが、では合気道においては《気》をどのようなものとしてとらえ、どのような解釈をおこなっているのか。それをまず開祖植芝盛平の独創にみちみちた《気》の説、《気》の論の一端をかりて、その要点を考えてゆきたい。

開祖の説や論は、その天才的な直覚洞察の資質と端的直截な表現法ゆえに、あるいは若年のとくに初心者にはわかりにくい点があるかとも思うが、しかし熟読玩味すれば意のあるところはしだいに通ずるにちがいない。読書百遍、意おのずから通ずるの心をもって味わってみてほしい。

「私は武道を通じて肉体の鍛錬を修業し、その極意をきわめると同時に、より大いなる真理をもかちえたのである。すなわち武道を通じてはじめて宇宙の神髄をつかんだ時、人間は〈心〉と〈肉体〉と、それをむすぶ〈気〉の三つが完全に一致し、しかも宇宙万有の活動と調和しなければいけないと悟ったのである。

つまり『気の妙用』によって、個人の心と肉体とを調和し、また個人と全宇宙との関係を調和せしめるのである。もし『気の妙用』が正しく活用されなければ、その人間の心も肉体も不健全になるばかりでなく、やがては世界が乱れ、全宇宙が混乱するもととなる。ゆえに〈気・心・体〉の三つを正しく宇宙万有の活動と調和させる必要は、世界秩序、世界平和のためにも絶対欠くべからざることである」

「『気の妙用』は、呼吸を微妙に変化せしむる生親《うみおや》である。これすなわち武なる愛の、本源である。『気の妙用』によって心身を統一し、合気の道を行ずるとき、呼吸の微妙なる変化はここよりおのずから流れいで、業《わざ》は自由自在にあらわれる。

この呼吸の変化なるものは、宇宙遍在の根元の気と気結びし、さらに生産《いくむす》びし、そして緒《お》結びすることによって宇宙化する。と同時に、呼吸の微妙なる変化は五体に喰い込み、深く喰い入ることによって、五体のはたらきを活性化し、活発に神変万化の動きをおのずからうながすこととなる。

かくしてこそ、五体の五臓六腑《ごぞうろっぷ》ははじめて熱と光と力が生じ結ばれることとなり、己れの五体は己れの心意のままになる。心身一如、しかも宇宙と一体化して作動する。

呼吸の微妙なる変化はまた、真空の気に微妙な変化を生ぜしめる。極烈なる波動あり、遅鈍なる波動あり、その両々相俟《ま》つ波動の変化をもってして、己れが心身の凝結の純度のいかんがわかるのである。

すなわち全き凝結が心身にみなぎるとき、呼吸はおのずから宇宙に同化しつつ円《まろ》やかに大きく拡がってゆくのであり、また呼吸につれておのずから、己れがうちに収束されてくるのである。そのように呼吸が宇宙化しつつおこなわれうるならば、不可視の精神の実在が己れの身辺に集結し、あたかも己れを守護し列座するかの感をもってつつむのである。これ合気妙応の、初歩の導きである」

以上二つの論は、開祖が、みずからの長年にわたる日々の心身錬磨の行の体験をとおして気づかされた「気の妙用（すぐれたはたらき）」から、帰納的に《気》の本質を明かしたものであるが要点は「人間と宇宙との一体感」および「変化自在なる呼吸力の発現」にしぼることができるであろう。

つまり前者は《気》の説の原点ともいえる老子、荘子、淮南子らの宇宙観をふまえながら、さらにみずからの「気・心・体」が合気道修業によって実際に、意識することなくおのずから宇宙遍在の気と調和即応し、完全に一体化する直感直覚を伝えたものである。

また後者は、人間の心の動きや身体の動作が呼吸によって統御されうるものであり、合気道の動作律動《リズム》の変化に即応する呼吸律動の変化がさらに宇宙律動の変化と即応調和するとき、人間の心身というものは思いのままに「円《まろ》やかに」振る舞うことができるという事実を伝えたものである。

開祖がそのような「人間と宇宙との一体化」および「変化自在なる呼吸力の発現」を最重視した理由は、要するに《気》の本質に合気道の立場から迫る場合、そのことがまたもっとも合気道の本質とも合致すると考えたからであるにちがいない。合気道はこの開祖の考え方に立ちながら《気》の課題に取り組み、そしてその原点から今後さらに新たなる《気》への追究をおこなうべきである。

その観点から、次にいま一歩《気》についての考察をすすめてみたい。

周囲を和合同化させる《気》の力

現在すでに合気道にはげんでいる修業者であるならば、反復稽古など日ごろ錬磨を重ねるうち、理屈はとにかく《気》について、それぞれ自分なりに何らかの感じ方や考え方をつかみえているはずである。

《気》というものは本来、前節において概説してきたように、古代中国に発した高度の哲理をふくむ東洋思想の核心である。しかしその人間にとっての具体的な意味あいは、要するに個人の心身とかかわる問題であるだけに、その者個人の資質や心がけ、気質や体質、体験や環境などによって多少異なってくるのは当然である。したがって同じく合気道を修業してはいても、そこに、《気》の感じ方や考え方の個人差が生じることはやむをえない。

たとえば「《気》とは？」と問われて、ある者は「心や体の中に湧きみなぎってくる何かいきいきとした感じ」と答えるかもしれないし、また「自分でもなぜ自分にそんな迫力が秘められているのかわからないが、いざという時になるとあらわれてくる不思議な生命力」とか「心のかよいあう者同士の間で無言のうちに通じあう呼吸《いき》の合った感じ」あるいは「稽古に熱中している時ののっている感じ。稽古がすんだあとの生きかえったような心身の爽快感。そんな〝なまなましい自分〟をつくってくれる生き甲斐そのもの」といった答えが出るかもしれぬ。

しかしいずれにしてもこれらの異なる答えはみな、各人がそれぞれの修業体験をつうじて感得したところの《気》の実感である点においては同質のものであり、その実感の直接的な表明であるという意味ではみな少なくとも本人にとっては真実《気》の認識にほかなるまい。とした場合、どの答えが適切であるか否かの差違などはそれほど問題ではない。いやむしろ個々に違いが生ずる点にこそ実は《気》なる課題の難しさ、つまり深さや大きさがあり、同時に幅広いおもしろさがあるともいえるのではなかろうか。

いいかえれば《気》の課題は、哲理的な解釈を前提とすれば前節におけるような歴史的知識を必要とする一方、こと各人の個人的な心身上の問題として身近にとらえようとするならば、まずなによりも修業(修行)体験によって各人が各様に実感し、自覚しはじめるところからその納得のいとぐちがひらかれる性質のものである。そしてその後、心身錬磨の研鑽をより重ねより究めることによって当人の全人的人格が高まり、高まるにつれてさらにしだいに哲理的な認識へと到達してゆくべき性質のものであろう。そこに《気》が、哲理的であると同時に体感的なものであり、体感的であると同時に哲理的であらねばならないと先述した理由があるわけである。

合気道が修業の内容や方法、いわゆる履修課程《カリキュラム》を創案し設定するさい、とくに心がけている重点もそこにある。

「気・心・体」の一体的動作展開を実技の主旨とする合気道においては、修業のきわめて基本的・初歩的段階から、自然に《気》の流れが人間の心身におよぼすところの活機活用のはたらきを会《え》得《とく》し、また《気》にしたがって動作がおのずから円転しうる理《ことわり》が自然にのみこめるよう、内容および方法に合気道ならではの創意工夫と配慮とをこらしている。たとえばまず基本姿勢において、いわゆる「臍下丹田《せいかたんでん》（自然体をとった場合人間の重心があつまる正中線上の臍《へそ》のやや下部）」の安定と充実の自覚感こそ《気》の集中にほかならぬこと、そしてその《気》が左右両の手に流れ充つるときは〝素手の武器〟たりうる「手刀《てがたな》」となることなどを説く。またたとえば、実技に先立って「呼吸力」を養成するための呼吸法（これには合気道独特の座法の呼吸法と、立法の呼吸法とがある）を習得させ、あるいはまず相手と対するさいの「間合い」や「目付け」における精神集中力を説くなど、要するに実技以前ないし実技当初すでに修業者を「気・心・体一如《いちにょ》」の《気》の世界へと導き入れようとするところに、合気道独自の発想とありかたがあるといえよう。

つまり合気道においては、他の各種の武道（古武術・古武道たると近代武道たるとを問わず）が「心・技・体」の一如をうんぬんする趣意とはやや異なり、「技」に先立ってまず「気・心・体」の一如を優先させようとする。もとより「技」の錬磨も重視することはいうまでもないが、しかしあえていえば「技」はむしろ「気・心・体」一如の度合いによって結果的にその優劣があらわれるものであり、その評価は「気・心・体」一如のありようの如何《いかん》によっておこなわれなければならぬ、と解しようとするのである。

ところで《気》の問題は、以上のように哲理的であると同時に体感的、体感的であると同時に哲理的な観点からとらえるべき性質のものであるが、いま一つ現代人たるわれわれが避けては通ることのできぬ観点は、いわば科学的な面からする究明であろう。

なぜならば、前節において概説してきたような哲理的な《気》のとらえかたは、たとえばその発想の原点ともいえる宇宙観の場合、かならずしも現代人、とりわけ戦後の高度科学文明社会に生まれ育った世代を納得させうるとは思えないからである。

つまり哲理的な宇宙観の根底にあるものは今を去ること二千数百年前、古代中国の思想家たちによって唱道されたところの、いうならばいわゆる天地創造への想像力から発した宇宙観であり、その対象とした宇宙とは、今日ただいま科学的に明らかにされつつあるところの宇宙実体とはかなりの隔《へだ》たりがあり、ひいては新旧世代の宇宙認識、あるいは宇宙概念には相当のひらきが生じていると考えざるをえないからである。

かつて宇宙は、文字どおり人間の手のとどかぬいわば間接的存在であった。その宇宙に知覚と想像力のかぎりをつくして相対し、宇宙万有の生命体を産出する大母胎としての宇宙時空のもつ意味を、《気》なる哲理によって体系化してみせた古代中国思想家たちの業績は、まさしく偉大であった。その《気》の哲理自体の真理的価値は、今日ただいまにおいても、基本的にはなんら変更訂正する必要はあるまい。宇宙が万有生命体の大母胎であること自体は、永遠に変わることのない真理的事実であるからである。

しかしながらその真理的事実は、宇宙がいまや文字どおりその実体の一部に人間の手のとどいたいわば直接的存在となった現在、少なくともその真理的事実を裏づけるべき理論の内容においては、やはり大きく変わらざるをえないこともまた当然であろう。つまり《気》の哲理は哲理として、われわれは新たに《気》の科学的裏づけを試みてみる必要もあるのではなかろうか。

周知のとおり宇宙の実体は、すでに十七世紀後半、ニュートンの「万有引力」説を皮切りに解明がすすめられ、科学的探査の可能性も論議されてきた。そして約一世紀半を経て戦後、にわかにその実現化が推進され、ついに実現をみるにいたったことは今さらいう必要もあるまい。

たとえば昭和三十六年（一九六一年）四月十二日、ソビエトのユーリ・A・ガガーリンが衛星船ウォストーク一号で地球を一周し、人類がはじめて地球全体を宇宙空間から外見した印象を「地球は青かった」と表現。その後、米ソ間のはげしい〝宇宙開発競争〟のあげく昭和四十四年（一九六九年）七月二十日、アメリカの宇宙船アポロがついに月面への着陸に成功、ニール・アームストロングが人類を代表して「静かの海」に降り立ち、はじめて足跡の第一歩をしるしたことはまだ記憶に新しいところである（なお余談だが、アメリカの初期の宇宙飛行士グレン中佐は合気道につよい関心をいだいていた人物で、昭和三十八年に来日した折にはわざわざ時間をさいて合気道道場を訪れ、まだ存命中であった開祖の「宇宙と人間との《気》の一体感」の説に熱心に聞き入っていた）。

以後、宇宙探査および開発が、各種人工衛星の打ち上げからスペース・シャトル（宇宙連絡船）計画にいたるさまざまな科学技術的手段によって展開されつつある現況については省略するが、いずれにせよ今後は、こうして解明されつつある宇宙実体を念頭におきながら、より新たなる宇宙観をもって《気》の哲理を科学的に究明してゆく必要があるように思われる。

では果たして《気》の宇宙的哲理は、科学的にも適切な裏づけを得ることができるのであろうか。科学の門外漢としては多くを語る知識をもたず、ただ心ある有識者の研究を待つ以外にないけれど、最近『ＣＯＳＭＯＳ』なる一書にいささか興味ある発言を見かけたゆえ、ごく簡単にそれを紹介してみる。

この書はアメリカのコーネル大学教授であり、NASAの各種の惑星探測計画の推進者であったカール・セーガン博士の、世界的に評判をかちえている〝最新宇宙入門書〟であるが、その日本語版（朝日新聞社刊、木村繁氏訳）の序文に博士は次のように書いている。

「秩序があり、調和のとれた宇宙、人間が理解することのできる宇宙を示すのに『COSMOS』という言葉を最初に使ったのは、古代ギリシアの数学者ピタゴラスであった。

たしかに宇宙には秩序がある。しかし、宇宙のすべてが整然としているわけではない。現代科学の知識に照らせば、宇宙には変化もあり、混乱もある。

秩序と混乱の共存する、その『COSMOS』は、しかし、限りなく美しい。（略）

私たちのからだは、もとをただせば星くずでできている。星が生みだした元素で、私たちのからだはできているのだ。私たちは、星の子どもであり、星は私たちの、はるかなるふるさとである。だから、私たちは、星や銀河の美しさに魅せられるのかもしれない（後略）」

また博士は本文中に再三「宇宙空間には生命の物質が満ち満ちている」と記し、「私たちの遺伝子のなかの窒素も、歯のなかのカルシウムも、血液のなかの鉄も、私たちのアップル・パイのなかの炭素も、かつては収縮した恒星の内部で作られた。私たちのからだは、すべて星の物質でできている。私たちは、きわめて深い意味において『星の子』なのである」と述べ、いま地球上にもっとも進化した生物として君臨しているつもりの人類が、その知的な先進技術を弄《もてあそ》ぶことの危険を説き、人類がつねに「星の子」たるの自覚をもって宇宙の秩序と調和し、また宇宙の変化や混乱の恐ろしさをもわきまえつつ即応してゆく態度を守ることが、人類の「死のためではなく、生のため」にたいせつである、といった趣旨の結論づけをおこなっている。

もとより『ＣＯＳＭＯＳ』は哲理の書ではなく、全篇にわたって最新宇宙科学の成果をデータ的に実証してみせたいわば〝物理・化学〟の書であるが、しかし前記の博士の評言からも読みとれるように、人間にとって宇宙とは「生命の大母胎」であり、人間は日々宇宙の秩序や変化とともに生きざるをえないという点など、結局、東洋哲理の直感・直覚的な示唆と相通じているといえるのではないか。最新科学によって解明されつつある宇宙実体は、なるほど老荘や淮南子らの唱道した宇宙の《気》の世界よりもはるかに複雑であり、しかも物質的尺度をもってほとんど明快に割り切れるものである。だが人間とのかかわりの観点からすれば、人間にとっての宇宙の存在価値は東洋哲理の示唆するところと基本的にはさほど異ならず、いやむしろ科学はより明確に宇宙と人間との関係の密接不可分なることを実証し、教示してくれるのである。したがって、たとえば合気道開祖植芝盛平の説く「宇宙と我《われ》との気の調和、気の即応、気の一体感の理」にしても、先のカール・セーガン博士の言と本質的には符合することとなるのである。

ただ問題は《気》の科学的裏づけが果たして可能であるかどうかの点であるが、この点に関してはすでに、ノーベル賞生物科学受賞者の西ドイツのフリッシュ博士らのいわゆる「バイオロジカル・リズム（生物周期律）」その他の学説が大きな手がかりを与えてくれるように思われる。かならずしも直ちに《気》を科学的に裏づける必要はないかもしれないが、しかしいちおう他山の石として考えてみることはけっして無駄ではあるまい。

すなわちそれらの学説によれば、生物にはすべてそれぞれ進化の過程において、宇宙のさまざまなる周期律の影響をうけてそれと同調するようになったさまざまな「生命リズム」が情報として遺伝子の中に記憶づけられており、生物の行動の多くは宇宙的周期律にうながされたその「生命リズム」情報の発動によるものであるという。

その「生命リズム」のそもそもは、推定四十六億年前、地球が宇宙空間の星間ガスと塵《ちり》との凝縮によって組成発生し、太陽系の惑星として自転しはじめた時点にまでさかのぼるのだという。つまりまず地球の自転、あるいは太陽軌道の周回による「昼夜のリズム（二十四時間リズム）」発生時にはじまり、その後推定三十億年前その「昼夜のリズム」にうながされてアミノ酸核物質たるアメーバが発生、さらに海と陸との分離にともなう各種生物の登場とともに「生命リズム」も多様化し、推定二百万年前に人類の祖があらわれることによって「生命のリズム」はいちじるしく複雑微妙なる様相を呈するにいたったのだという。

現在、人間の脳には平均約五十億ビットと推定される遺伝子（DNA＝デオキシリボ核酸）が内蔵されているというが、それだけに人間の「生命リズム」は複合のきわみを呈するが、しかし基本的にはやはり「昼夜のリズム」をはじめ「潮の干満のリズム」、いわゆる大自然の晴雨風雪などの「天象・気象のリズム」などの宇宙周期律にもっとも支配され、左右されるのだという。

果たしてこのような学説が絶対的なものであるかの是非判断は門外漢ゆえつけかねるが、しかしごく単純に経験的に考えてみて、われわれの心身の調子《コンディション》や行動の多くがそうした「生命リズム」と密接にかかわっていることはまず間違いないと思われる。そしてまたその「生命リズム」が、東洋哲理における《気》ときわめて相似するものであることも否定できないのではなかろうか。

いいかえれば、たとえば合気道開祖植芝盛平が厳しい修業錬磨の歳月ののち直感・直覚的に開眼し悟達した「宇宙の気と人間の気の一体化」に関する諸説諸論を、かりに「宇宙周期律と生物周期律（生命リズム）の一体化」に置きかえてみるとき、ある種の理論的裏づけが成り立つかもしれない、といったことである。もちろん人間の精神的現象、とくに悟達とか開眼といった種類のいわゆる霊感的《インスピレーション》な心性のあらわれのすべてを科学的に解析し実証することには無理があり、おそらく不可能であろう。しかしだからといって、最初からいっさい科学的観点に目を閉じることもまたあまりにも偏狭であり、独善蒙昧の弊をまねくことにもなりかねないのではなかろうか。

以上、本章（「宇宙の気と人間の気」）においては、主として《気》をめぐる諸問題をなるべく多角的に取り上げてみようと試みたわけであるが、最後に、海外諸国の外国人修業者たちは《気》をどのようなものとしてとらえているか、ごく簡単に説明を加えて参考に供したい。

そこでまず合気道の急速な国際化にともなう用語の問題としての《気》であるが、この点に関しては他のすべての合気道（AIKIDO）用語と同様、欧米であれ東南アジアであれ《キ（KI）》一本槍である。合気道は日本固有の武道なのであるから当然であり、外国人修業者もまたなんらの抵抗感もなく至極当然のこととして受け入れている。

ただいささか困るのは、その《KI》の説明を求められた場合である。もちろんあれこれと語義的に説明することは容易であるが、端的に《気》に相当する外国の単語は何か、などとたずねられると、完全に一致する単語が見あたらないだけに困るわけである。

これが日本人であれば《気》の字の表意的印象から（もっとも「気」はいうまでもなく略字であり

本来の正字は「氣」である。「氣」とは「米を蒸すときに勢いよく噴出する湯気」の表意象形文字)、たとえ漠然とではあってもある程度までその意味をつかめようが、外国人の場合はそうもゆかぬ。そこでやむなく、ためらいながら、より近いと思われる単語を口にせざるをえなくなる。

しかもその《気》により近いと思われる外国単語ですら、じつは《気》をどう解釈するかによって異なってくるから厄介である。つまり「精神」とか「魂」とか「民族精神」といったより精神的なものと解釈する場合と、「気分」とか「感じ」といったより感情的なものと解釈する場合、あるいは「呼吸」とか「息吹《いぶ》き」「気息」といったより呼吸《いき》的なものと解釈する場合などによって異なってくるのである。

たとえばより精神的なものとの解釈にたてば、英語では「スピリット(spirit)」あるいは「イーソス(ethos)」、フランス語では「エスプリ(esprit)」、ドイツ語では「ガイスト(Geist)」などの語ということになろうし、より感情的・情意的なものとの解釈にたてば、英語では「フィーリング(feeling)」とか「インテンション(intention)」、ドイツ語では「シュティムング(Stimmung)」とか「ゲミュート(Gemut)」、またより呼吸的なものと解釈すれば、英語では「エーテル(ether)」とか「ブリース(breath)」、ギリシア語の「プシュケー(psyche)」などがおもい浮かぶ。

しかし正直のところ、いずれも帯に短しタスキに長しの感はぬぐいきれず、要するに《気》の概念はやはり東洋哲理を離れては説明しにくいことが改めて思われる。したがって外国人修業者にも結局は《気(KI)》を会得するようすすめることになるが、彼らはむしろそのほうを喜ぶような傾向もみせるのである。つまり外国人修業者の多くは、合気道が欧米(その他の諸外国)には類をみない日本独特の求道的な武道である点に心をひかれて入門し、修業錬磨をつうじて哲理的かつ体感的に《気》の本質をつかみとろうと、真剣に努力をしているのである。

あるいはむしろ安易な日本人修業者よりも、彼ら外国人修業者の中に、合気道本来のありかたに忠実な者をしばしば見うけるほどである。求道的なる目的をみずからに課して日夜修業に励む彼らの姿には、時に畏敬の念さえおぼえるほどである。喜ぶべきか、憂うべきか。ここでもし日本人修業者一般が、よりいっそう真摯なる自覚をもって錬磨につとめないかぎり、いつの日か合気道の正統はむしろ欧米その他の諸外国に根づき、発展するかもしれないのである。冗談でいっているのではない。本心から懸念して警告をおこないたい。

と同時に私がしみじみ感慨をおぼえるのは、いずれにしても世界各国からそのように人種を超え、異文化の障害を超え、国境を超えてひとびとが合気道に参加してくれるという事実である。開祖の道歌そのままに、である。

「合気とは万《よろず》和合の力なり
たゆまずみがけ道の人々」

合気道がねがうところの理想が今、ちゃくちゃく実現されつつある。周囲をおのずから和合同化させる《気》の力。その力こそ合気道における《気》の要諦にほかならない。

第二章

入り身・円転の理《ことわり》

◉

中心に心棒あって
静かに回転する独楽《こま》のスミキリ。
中心に「気・心・体」の安定充実あって
おのずから自在に体さばきする
入り身一足・円転の理。

〈念〉を中心とする心身スミキリの哲理

前章後段においていて少しくふれたように、宇宙実体に関する科学的解明がいちじるしくすすんだ現在、地球が太陽をめぐって自転運行する巨大なる球体であることは、おそらく幼稚園児でも知識として承知しているにちがいない。実感としては正直のところ、地球を〝揺るがぬ大地〟であると信じたい気持ちを密かに抱いている者も少なくはあるまいが、である。

試みに『広辞苑』をひらいて「地球」の項目をみると、次のように記載されている。

「**地球**(earth) われわれ人類の住んでいる天体。太陽系の一惑星。形はほぼ回転楕円形で、その赤道半径は六三七八キロメートル、極半径は六三五七キロメートル。太陽からの距離は平均一億四九五〇万キロメートルで、三六五・二五六日で太陽を一周し、二十四時間で一自転する。地殻・マントル・核の三部分よりなり、平均密度は一立方センチメートル当たり五・五二グラム。表面は大気によって囲まれる」

幼少のころ私は、球形であるとの知識をえたこの地球についてあれこれと冒険的な空想をめぐらすことが好きであった。たとえば、前方に直進して地球を一周したのちまた元の地点に戻れるものかどうか確かめてみたい、とか、足もとから穴を直下に掘りすすんで地球の真ん中を通り抜け地球の真裏がわの地点に姿をあらわしてみたい、といったたぐいのものである。

それはもちろんあまりにも幼稚で、たあいのない空想にすぎなかった。しかし地球を一周するなどのことは現在、航空機の発達などによってまことに容易に実現されつつあることを、合気道の世界的普及にともなって海外に出むく機会のふえている私は、つねづね身近に実感させられているのである。そしてまた足もとの直下にある地球の真裏がわに姿をあらわしてみたいという空想も、ある機会に、ついに実現されたのであった。むろん穴を掘ってのことではなかったが。

昭和五十三年九月四日から同月末まで、日本移民七十周年の喜びにわきかえるブラジルに同地の合気会総支部（総支部長、河合礼慎師範）から招かれて出修した私たち合気会本部道場の一行はサンパウロ市、リオ・デ・ジャネイロ市、およびＨ系人の勢力のきわめて強いモジダス・クルゥゼ市その他を歴訪し、各地で文字どおり熱狂的な歓迎をうけた。各地での演武会や指導稽古にはつねに会場に入りきれぬほどの修業者や修業希望者が集まり、真剣そのもののその修業態度には感動をおぼえずにはいられなかった。サンパウロ市では市議会全員の総意で、私に名誉市民賞を贈るとの内示があった。

ブラジルでの公式行事をつつがなくおえた私たちは、ついで十九日から二十三日までアルゼンチン、さらに二十四日と二十五日の両日にはウルグアイを訪問した。アルゼンチンにおいてはブエノスアイレス市、ウルグアイにおいてはモンテビデオ市で演武会および指導稽古をおこなったが、ここでもまた予想をはるかに上まわる参加者の歓迎と修業ぶりに接し、感激の日々を過ごした。

この南米三ヵ国訪問の出修の旅をつうじて私が念頭に感慨をおぼえ続けたことの一つは、じつはあの幼少の日に夢想した「地球の真裏がわ」に今、自分が立っているという事実であり、しかもそこでこのようにも合気道が盛大に普及し発展しているという事実であった。南米こそ、地球では日本の「真裏がわ」であるからである。

中でもウルグアイがもっとも「真裏がわ」に近いという。そう聞き知っていただけに、九月二十四日と二十五日のウルグアイ訪問に私はひとしおの感慨を秘めつつモンテビデオ市に足を踏み入れたわけであったが、そこで私はその感慨とはまた別に、ある一つの大きな感銘をうける出来事にめぐりあった。それは同市最大の劇場（五月十八日劇場＝スペインからの独立を記念して建てられた劇場）でおこなわれた演武会の翌日、ウルグアイ軍官学校（戦前の日本における幼年学校、士官学校、陸軍大学をあわせたような軍政下ウルグアイ最高の軍官の教育機関）に招かれた折の出来事である。

同校は全国から選びぬかれたエリート三百人に軍事的・政治的英才教育をほどこしているが、その教科の一科目として合気道が正式に採用されていたのである。同地ではもちろん柔道や空手も盛んであるのに、なぜとくに合気道を正課として採択したのか。

三百人の全校生徒を前にして演武会を催し、私の説明演武がおわったのち、つと立ちあがった同校の校長は感激したおももちで次のような意味の発言をされたのである。

「合気道の動きには、常に、しっかりした中心があると思う。流れるように、また舞うように展開される一挙手一投足のすべてがみごとによくバランスを保ちえているのは、結局、よく見ると全体の動きの移動がじつは中心のスムーズな移動にほかならないからではないか。合気道のポイントは、その〝しっかりした中心〟にあるように思う。波乱激動の歴史に生きるわがウルグアイ国においてもっとも必要肝腎なことは、内に不動の中心をもちつつ外に柔軟なすがたを示す精神と行動の確立である。明日のわが国を背負う中心的存在となるべき本校の生徒は、合気道の修業をつうじて、精神的にも肉体的にもその点をとくにしっかりと把握してほしい。本校が合気道を正課として全員に実修せしめている理由はそこにある」

わが意を得たり、とはまさにこのような言をさしていうのであろう。「しっかりした中心の確立」こそ合気道が、開祖の創始時から現在にいたるまで、つねづね「気・心・体一如」のもっとも肝要なる基本姿勢として強調してきたところであり、まさしく合気道の精神においても合気道の実技動作においても「ポイント」をなす最重点事項のひとつであるからである。

その点をズバリ洞察し指摘したウルグアイ軍官学校校長の炯眼《けいがん》と人物に敬意を表するとともに私は、人種を超え国境を超えて正しく理解されうるこのような合気道の普遍性をさらにより着実に徹底せしめることこそ、われわれ日本における道統の継承者、修業者の責務ではないかと痛感せずにはいられなかった。合気道には合気道ならではの独自性が信条においても技法においてもあることはいうまでもないが、それはあくまでも合気道の基本的な普遍性とよく整合されたものでなければ浮きあがってしまうおそれがある。いたずらに独自性を誇り、独自性にこだわりすぎれば唯我独尊、視野狭窄、独断偏向、自己満足に陥りかねない危険がある。

幼少のころから念願の「地球の真裏がわ」にやってきて、私は、思いもかけぬある種の反省と自戒とにふけらされたのであった。

ところで合気道における「中心」の問題であるが、結論的にいえばこれは先にも記したように

「『気・心・体一如』に肝要なる基本姿勢」として原理的・総合的な観点からその真意を把握することが大切であろう。つまり、たんに精神的・信条的な面からのみ「中心」を解しようとすれば教条主義的な抽象概念にとどまりかねず、またたんに行動的・技法的な面からのみ見ようとすれば運動力学的な説明をもってよしとする安易な理解におわりかねないからである。「中心」の問題がその両面をふくむことはいうまでもないが、合気道における場合はそのいずれにも偏することなく、いわば両々相俟《あいま》って、しかも究極は本質的に武道であるところの合気道の「気・心・体一如」の哲理的・求道的な観点からこれを総括することが大切だと思われる。

その意味で、合気道修業者が「中心」の課題を考えるにあたってはまず、開祖植芝盛平の次の道言を解読し咀嚼《そしゃく》することからはじめるのが妥当なのではないだろうか。いささか難解であるかもしれないが、読書百遍意おのずから通じないことはあるまい。なお文中の〈念〉とは「求道的に精神集中するこころ」といったほどに解してもよいかと思われる。この開祖のいわゆる〈念〉こそが、合気道における「中心」の課題をとく鍵であり、同時に究極の「中心」思想の核であることの機微に思いいたるべきであろう。

「五体は宇宙の創造した凝体身魂で、宇宙の妙精を吸収し、宇宙と一体となって人生行路を修している。

修業には、まず己れの心魂を練りにねり、かつ〈念〉の活力を研《と》ぎすまし、心と肉体の統一をはかることこそ先決である。これこそ、すすんで業《わざ》の発兆の土台となり、その業は〈念〉によって無限に発兆する。

　業はあくまで、宇宙の真理に合していることが不可欠である。そのためには正しい〈念〉が不可欠である。自己の〈念〉を小我の欲にむすぶのは邪道であり、邪念による修業は宇宙の真理と反するゆえ、かならずみずからの災難と破滅とをもたらすこととなる。

〈念〉は、目前の勝負にとらわれず、宇宙に正しく気結びすることにより生成する。その場合、〈念〉はいわゆる神通力となるのであり、森羅万象、一挙手一投足のことごとくが洞察されて明らかとなる。すなわち明鏡止水、己れは宇宙の中心に立つゆえに、中心をはずれたもののいっさいの挙動は看破される。これ、戦わずしてすでに勝つの真理である。

〈念〉にもとづき『気の妙用』をはかるには、まず五体の左は武の基礎、右は宇宙の受ける気結びの現れる土台であると心得よ。この左・右の気結びがおのずから成就すれば、あとの動きは自由自在となる。

　自在の境に達すれば、神変万化の身の軽さの振る舞いとなる。そのさい、右は左によって主力を生み出される。また、左が楯となり、右の技をなす土台となる。

　このおのずからなる運動自然法則を肚《はら》におき、臨機応変、自在に己れを円転せしむることが大事である」


　すなわち開祖はまず〈念〉というものが、われわれをこの世に生ましめ地球上に存在せしめるところの宇宙との一体化をねがいつつ精神をこの一点に集中して修行鍛磨すること自体にほかならぬ、と説く。ついでその〈念〉によって統一されたところの心身が、宇宙の秩序の理と調和するときには無欲無心の心境に達していわゆる〝神通力〟などとも称される対象の実態透視の洞察力を得、また宇宙の変化の理に即応するときは「神変万化の身の軽さの振る舞い」すなわち「臨機応変、自在に己れを円転せしむること」が可能となるとするのである。

ここでいう宇宙の秩序と変化の理とは、前章においてすでに概説してきたように「宇宙の《気》の理」と解されるから、それとの一体化をねがう修行錬磨の精神集中の〈念〉は、つまるところ「人間の《気》の理」の実践の中心をなす「《気》の妙用（はたらき）」の源泉であると解される。そしてその〈念〉に裏づけられたところの「《気》の妙用」が「心」にはたらきかけるときは無欲無心ゆえの明鏡止水のごとき「洞察力」となり、また「体」にはたらきかけるときは臨機応変の「円転」の動きとなるとする。つまり〈念〉をもって「気」と「心」と「体」とをいわば宇宙の《気》の正中線上に結ぶ一線の中心点であると解する考え方が、前記の開祖の道言から汲みとれるのではあるまいか。

開祖がこのような考え方を直覚しえたのは、間接的には若年のころからひたむきに続けられた武道修行のたまものであろうが、直接的には壮年時における二、三の奇蹟的ともまた神秘的ともいえるような極限的体験に基づく開眼であるとおもわれる。

その一つはすなわち、大正十三年二月から六月にかけて出口王仁三郎氏らとともに「世界経綸の聖地」樹立を満蒙の奥深き地に求めて断行した、いわゆる「大蒙古への決死行」のさいの死線における体験である。

この決死行の詳細は拙著『合気道開祖　植芝盛平伝』において記述したゆえここでは省略するが、要するに現地の「西北自治軍＝内外蒙古独立軍」と行をともにして「聖地」に向かう途中、開祖らは再三にわたって国民党政府軍あるいはいわゆる〝馬賊〟（各地に群雄割拠する大土豪配下の勇猛なる武装騎馬集団）のはげしい襲撃を受けた。とりわけめざす興安領に近い要衝パインタラ付近では、山間を行くところを左右の山陰から一斉攻撃され、さすがの開祖も死を覚悟したと伝えられている。しかし雨霰《あられ》と降りそそぐ敵の弾丸に相対するうち、開祖は不思議とかえって心が落ち着くのを感じ、一歩も動くことなく瞬間的に身をわずかに前後左右にかわすことにより、奇蹟的に一発の弾丸をすら身に受けることなく窮地を脱したのであった。

その折の、いうならば死中に活を求むる死線の悟達体験を、開祖はのちに次のように語っている。

「一歩も動くわけにはいかなかった。だから弾丸《たま》が飛んでくると、ひょいひょい首やからだをねじって避《よ》けるだけじゃった。するうち、一心に眼《まなこ》をこらしてみつめておると、あ、今度は右から狙ってくるな、あ、今度は左から撃ってくるな、と敵の気配《けはい》が寸前にはっきり直感・直覚できるようになってきた。弾丸《たま》よりもほんの一瞬早く、白い光のツブテがパッと飛んでくる。それをパッと身をかわすと、直後に弾丸《たま》がわが身すれすれにすり抜けてゆく。そうしたことを息つくひまもなく繰り返すうち、自然に武道の極意らしきものが念頭にひらめいてきた。心身に集中された〈気〉の中心が確立されてこそ動きは生きる、というひらめきじゃ。相手の気配や殺意は、こちらの平常心が澄みきれば澄みきるほど直感・直覚できるものだということをじゃ。平常心とは、たとえば回転する独楽《こま》が中心に心棒の安定あってこそ静かに快く回転し、一見直立停止して見えるがごとき『スミキリ』の心の状態であるということじゃ」

この死線悟達の体験ののち、開祖はさらにある一つの体験によって常住平常心の「スミキリ」の妙味を確認する。

それは大正十四年の春の一日、当時住まっていた綾部の道場において、かなりの剣の使い手として知られていたある海軍将校に挑まれ、素手をもって相対した折のことである。このとき開祖は、切っ尖《さき》の気合いも鋭く打ちこんでくる将校の木剣を、わずかに身をかわすのみでいとも軽やかにすいすいと受け流し、ついに将校は精力のすべてを消耗したのかその場にへたりこんでしまったというのである。のちに開祖は、その折のことをこんなふうに語っている。

「なに何でもないことじゃ、『スミキリ』じゃよ。相手が打ちこんでくるよりも一瞬早く、豆粒くらいの白い光がパッと先に飛びこんできて、その直後、白い光のあとを追って木剣が切りこんでくるのがようわかった。わしはただ白い光を避《よ》けていたまでの話じゃ」

この言はいうまでもなく、先述した蒙古奥地での体験的直感・直覚とおなじ理を伝えている。開祖の「スミキリ」の心眼に、相手のむきだしの闘争意識の発動が敏感に察知され、洞察されたことにほかならない。開祖は後年そうした察知や洞察の機微を「五体の〈響《ひび》き〉が宇宙の〈響き〉とこだまする〈山彦〉の理」であると独特の表現をもって説明し、次のような道歌を示している。

「天地《あめつち》に気むすびなして中に立ち
　　心がまえはやまびこの道」

そしてその開祖のいわば「中心」の思想が、やがてより高度の「愛」や「和」の思想にまで発展してゆくことについては、また章を改めて記述してみたい。

相手を己れの動きに導く体さばき

ところで、先の開祖の道言中「臨機応変、自在に己れを円転せしむることが大事である」と述べられている点は、合気道技法の基本的動作においてもっとも重要なる特徴を示しており、極言すれば合気道は、合気道でいうところの「体さばき」の基本動作に関するかぎり、稽古修業の眼目は「円転」に始まり「円転」に終始するといっても過言ではない。

合気道が「円転」の法を創案し、「円転」の理を確立したいきさつや経過については後述するとして、この「円転」を特徴とすることで、合気道にはさまざまな派生的結果がもたらされているようにも思われる。

たとえば「円転」して体さばく動きのゆえに合気道は、じつは当て身や関節技などの厳しい攻防の荒技を古武道的原型としながらも、一般の見る者には、相共に流れるごとくまた相和して舞うごとき、柔軟にして優雅なる印象をあたえるのではないか。またたとえば、宙に投げ、地に抑え、おもいきりよく受け身するなどのじつはかなりの大技の連続でありながら合気道は、きわめて限定された小円周の場の内でも危なげなく事が運ぶのではないか。これがもしかりに「円転」

の動きではなく、前進・後進のみの直線的動きを主としたとすれば合気道は、その荒技のゆえに見る者に畏怖感をあたえかねず、またその大技のゆえに、他の武道におけるより以上の広大な稽古ないし演武の場を必要としたのではなかろうか。

いいかえれば、合気道が「円転」を旨《むね》としたがゆえに原型の荒技もおのずから婉曲《えんきょく》に柔らげられ、本来の大技も節度よく丸くおさめられるという結果がもたらされたのかもしれない。そのことの是非はさておき、合気道が洗練された武道であるなどの評価を受ける一因は、たしかにこのへんにもあるように思われる。

しかし「円転」の法と理は、もちろん当初からそのような、ある意味での消極的な意図をもって創案されたものではない。そもそもはむしろ逆に、積極的に相手の力を制する戦法として考えられたものであった。

つまり、力に関しては自分よりもまさるかもしれぬ相手に直面し、しかも素手をもって確実に勝ちを制するためにはどのように対応すべきか、という武道的課題にたいする真剣な工夫から生まれたものであった。

その場合、無暴の危険を犯していたずらに猪突《ちょとつ》猛進するがごとき粗野なる格闘にくみすることなく、また奇襲をもって一《いち》か八《ばち》かに賭けるがごとき場あたりの勝負師に類することもなく、あくまでも武道としての格調と節度は保ちながら、しかも頭脳的ないし心理的な方策を講じ、より合理的に勝ちを制するにはどうすればよいか。腕力においても自分にまさり、体格においても自分にまさり、また経験においても自分にまさる相手に対して勝ちを制する法がはたして理論《セオリー》としてありうるか。

合気道の「円転」の法と理とが、開祖植芝盛平によって創案されたそもそもの動機づけは、そのような武道的課題に対する真摯なる追究であった。起倒流柔術から大東流柔術にいたる各種の古流柔術を習得し、神陰流の古流剣術の門にも入る等さまざまな修業をした開祖が、それらいずれにもあきたらず、血のにじむような錬磨研鑽の末ついに独自に確立した武道的課題への自己回答が、先に引用した〈念〉の哲理を前提とする「臨機応変、自在に己れを円転せしむる」ところの「円転」の法と理にほかならなかった。

その法・理の要点は、起倒流など古柔術におけるいわゆる「柔よく剛を制す」(「力を出さんとせずして気を取り扱えば、敵の力あまりて独り倒る。是れ敵の力をもって吾れ勝つ也。すなわち柔よく剛を制すなり」起倒流伝書註釈)の理合いとも通じるが、古柔術がその理合いをふまえて俗に「引けば押せ、押せば引け」というのに対していえば、合気道の「円転」の場合は「押せばまわれ」「引けばまわりつつ入れ」とでもいうことになるであろう。つまり相手の出方に応じて四方に自在に円転し、その円転の間、己れの重心を確実に移動させながら力の安定保存をはかる一方、相手の重心は円転を利して狂わせ、相手の力が重心を失うことによって十分に発揮できない状態に陥らせたうえで、一挙にこれを制するということである。

これをいま少しく合気道技法の基本的動作に即していえば「体さばき」の問題であり、合気道における「体さばき」は「入り身一足・円転の理」に集約されるといってよい。

すなわち、相手と対して(「間合い」)のち互いに触れあおうとする一瞬、半身の構えから、相手の動きの延長線をはずしてその動きとすれ違うかたちに自分の体を相手の死角に入れるのが「入り身」であり、そのさい足の移動（「運足」）がきわめて速やかにおこなわれなければならぬゆえ「入り身一足」と称するわけである。この「入り身」は通常、すれ違いざま相手の弱点に「当て身」で加撃するのが基本型であるが、技法的に段階がすすめば「入り身投げ」「入り身落とし」「入り身転換」その他さまざまな基本技および応用技に活用されるものである。

「入り身」はいわば「円転」の基点ともいえる動作であるだけに、重心の移動が肝腎であることはいうまでもないが、技法的観点からすれば「円転」すること自体の意味あいよりも、一瞬のすれ違いにおいて攻守ところを変えて主導権を握る気迫のほうが重視されるべきであろう。相手の突きなどに一瞬気おくれするような遅疑逡巡《ちぎしゅんじゅん》は絶対に禁物である。

「入り身」についてはまだ語るべきことも少なくないが、本書は技法的細目についてうんぬんするのが主旨ではなく、また技法についてはこれまですでに数冊のいわゆる入門書を著してもいるゆえ、ここではこれ以上の説明は省略する。

代わりに、数ページにわたって「入り身の原理」あるいは「入り身の要点」を写真構成してみることにした。

前記の「入り身」が合気道における技法上の武道的特徴であるとするならば「円転」の理に基づくところの「体さばき」は、合気道における本質的な調和性と変化性の統一的表徴とでもいえるかもしれぬ。いいかえれば、これまで少しくふれてきたところの「宇宙の秩序と調和する静的な一体感、宇宙の変化に即応するところの動的な一体感」を実技において具現するのが「体さばき」

の究極の意味あいである、ともいえよう。

「円転」の理に基づくところの「体さばき」を様式的に解すれば、球体を表現した合気道ならではの動きである。その動きにはつねに中心があり、中心の安定したスムーズな移動によって相手の体をさばいてゆく。さばきによる技の球転運動は、頭から足先にいたるまで一つの動きに統一され、さらにあらゆる部分が美しく調和されなければならない。

この動きを、求心力あるいは遠心力によって説明することは可能であり、まさしくそのような物理的・力学的合理性に裏づけられていることは事実である。しかし合気道における「体さばき」の妙味は、要するに「気・心・体一如」の哲理が奥深く内包されていればこそ妙味として感得されうるものであり、これを客観的な理論で割り切ってみたところでさしたる意味があるとも思えないのである。

いずれにせよ合気道修業者は、その稽古の大半を費《つい》やして「円転」の法を錬磨し、錬磨をつうじて「円転」の理を感得する。そしてその間におのずから重心移動の要領を身をもって体得し、やがて五体を独楽《こま》のごとく円転させつつなお全身のバランスを崩すことなき安定が、つまりは己れの「気・心・体」の一如となった状態にほかならぬことを識るはずである。自分ではそうと気づかぬうちに宇宙との調和、和合一体の動きが成就されつつあるのである。

そのような心身の成長こそが「円転」の理の大いなる証《あかし》であると信じている。

円転して自在なり

優雅なる舞ともみえる合気道独自の入り身・円転の技法。

正面打ち入り身動作（単独さばき）

合気道の原理を体現した重要な技法「入り身」動作の一例を単独さばきで示してみた。心技体一如の中心の確立が要諦である。

❶右半身もっとも自然な形で、気息を整え　❷重心を落としながら右手刀、右足を作動　❸右手刀と左拳が「陰陽」の動きとなる　❹軸足が右から左へと移り　❺左足中心となりつつ後転する　❻さらに、右足中心に後転する　❼右手刀を前方に返しながら　❽後転しつつ手刀を斬り下ろし、腰を落とす。

❶

❷

❸

❹

❺

❻

❼

❽

正面打ち入り身動作－座法（相対さばき）

合気道技法の基本態勢確立上、最重要な動作の一つ「座法」。つま先を活用しながらの膝行は体のバランス、腰の安定あってこそ。

❶正座して自然に向かいあい、正対する　❷つま先を立てながら手刀などの作動開始　❸❹右膝を中心として相手の側面に　❺左膝を中心に後転　❻右手刀を相手の前方に斬り下ろす　❼❽右膝中心、左に後転しつつ手刀にて制す。

❶

❷

❸

4

5

6

7

8

正面打ち入り身動作―立法（相対さばき）

66～67頁の単独さばき例に相手を加えての動き。相手との間合いをはかりつつ、自己の動きの中へ相手を入れることが大切である。

❶間合いをはかりつつ半身相対する状態 ❷正面右手刀をもって相手を導く ❸左拳で相手のあばらを突きながら ❹相手の側面へと転位し ❺さらに、右へと後転 ❻相手の態勢を崩しながら ❼重心を右足へと移動 ❽体を落とし、相手を倒す。

❶

❷

❸

❹

❺

❻

❼

❽

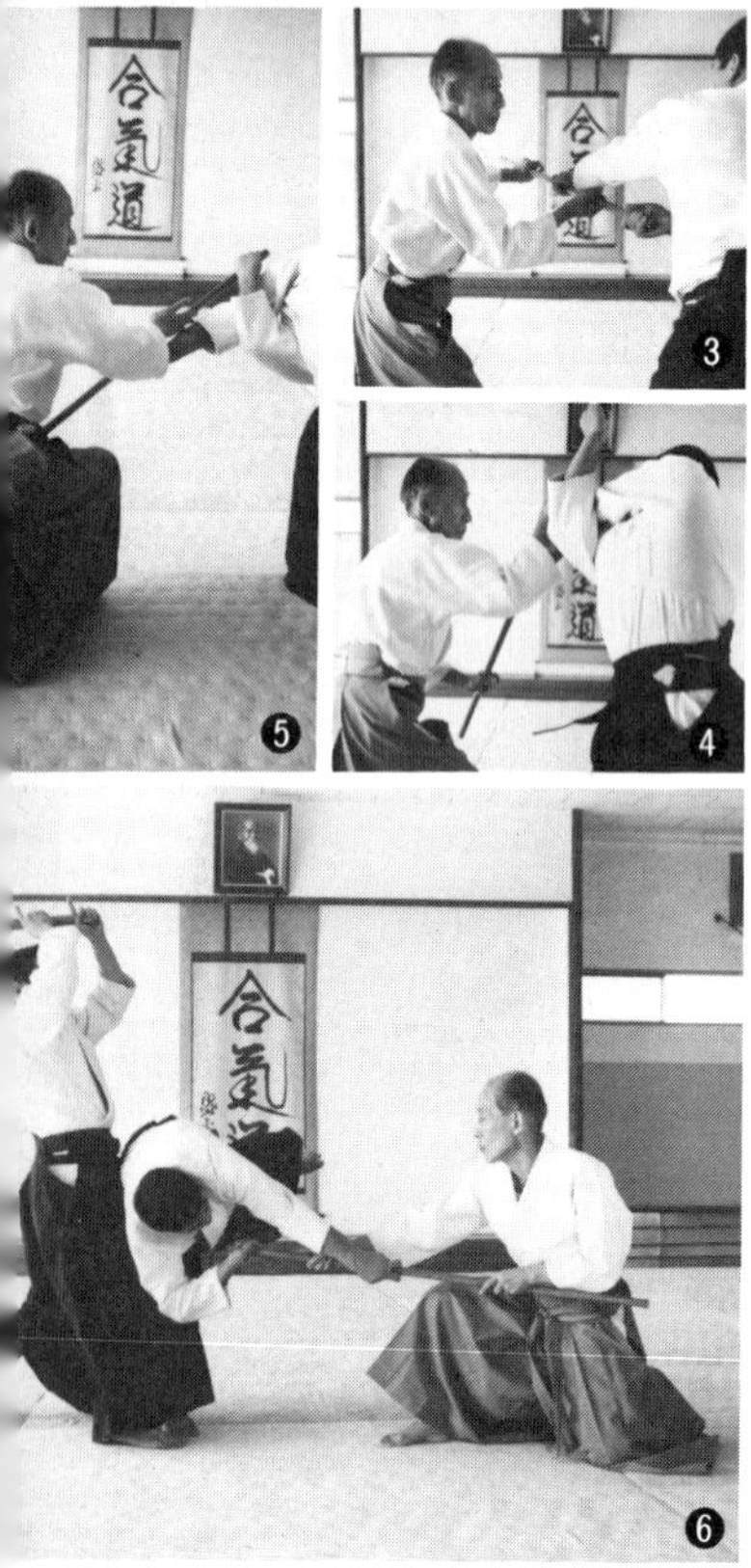

相手が杖で突いてきた場合

突いてくる杖をはずしての入り身はまさに相抜けの状態。合気道技法の原則「相手の正面に立つべからず」を一瞬の動きで示す。❶入る瞬間に右拳であばらを突き　❷手刀で杖を抑え　❸両手で杖を持ち　❹杖を前方に返し　❺相手を崩しつつ　❻杖を前方へ、相手を倒す。

第二章

日々の行《ぎょう》によって開かれる道

●道場における心身の錬磨は
いつしか日常の起《たち》居《い》振《ふる》舞《まい》に礼節を生む。
日本固有の
正座礼法をふまえた座り技鍛練より始めて
終るを知らぬ合気の行の道。

「船漕ぎ運動」も「正座」も苦にせぬ少年部

最近、合気道の門をくぐる少年少女たちの数が驚くほどふえている。下は小学校一年生から上は中学生まで、本部道場の少年部はすでに五百名をこすまでにふくれあがり、いかに体が小さいとはいえこれだけの数が集まると、何組かに分けてはみても、さすがに道場が手ぜまになる。のびのびと稽古する余地があるだろうか、ぶつかりあって思わぬ怪我《けが》をしなければよいがなどと、うれしい反面いささかの取りこし苦労の心配もある。

このような合気少年少女たちの増加はたんに本部道場においてのみの現象ではなく、聞けば、各地区支部道場の少年部もまたふえつづける一方であるらしい。百名をこすところも数多く出てきたようだ。毎年夏休み中に日本武道館で催される恒例の「全日本少年合気道錬成大会」は盛況をきわめ、また本部道場が菅平や伊豆などでおこなっている夏や冬の特別合宿には、熱心な参加者が稽古に励むばかりでなく日常的な団体行動の訓練を共にする。

合気道本部道場が少年部を設けるべきか否かを検討しはじめた十数年前、私をはじめ関係者の多くはじつは首をかしげたものであった。深い哲理や求道性を重視する合気道の地味な修業は無理なのではないか、ゲーム性の皆無《かいむ》に近い合気道はつまらないといってすぐにあきられてしまうのではないか。そのような危惧から、少年部開設に踏み切るまでにはずいぶんとためらったものである。今にしてわれわれは不明を恥じるものであるが、それにしても年々急増するばかりでなく、大半が途中で止めることなく永続するなどとは、まったく予想もしないことであった。

ところで、合気少年少女たちをそれとなく観察していて感じさせられるのは、まず何よりも稽古ぶりの貪欲《どんよく》なまでの真剣さである。

かつて、ある支部道場の少年部の指導にあたっている本部道場師範助教の某君が述懐していたが、子どもたちは教えられたことを素直に理屈ぬきで習おうとするから、覚えがたいへん早いという。しかも素直な一面、ある種のしたたかな判断力や生活力といったものをそなえ、指導者の目やことばなどから指導者の心や考えを敏感にキャッチしてすばやく反応したり、また本気で叱ったり励ましたりしないかぎり指導者についてこないのだという。合気歴十五年のこの助教は、「子どもたちと合気するには真剣な愛情と、真剣な和の心とが必要だということを勉強させられた気がする。合気の基本を教えているうち、逆に子どもたちから〝愛と和〟の合気の訓《おし》えを改めて教えられた気がする」といった意味の感想を述べていた。

子どもたちの好奇心というか、新しく接する事柄に興味をもって取り組みそれを吸収しようとする意欲もまた、想像以上に強烈なようである。

少年部の錬成指導法はもちろん子どもの能力に適するよう作成されているが、稽古の手順その他にはさほど大きな相違はない。一般修業者の場合とほぼ同じく、まず準備運動の一環としての「天《あめ》ノ鳥船の行《ぎょう》」や「振魂《ふりたま》ノ行」をおこなうことから始められる。この運動の名称は、開祖が、「我れ即ち宇宙なり」の悟達をえて合気道を創始した折、いわゆる「鎮魂帰神《ちんこんきしん》」の法(気を鎮《しず》め、気を統《す》べて神気を心にいだくための神前の行。詳しくは拙著『合気道開祖　植芝盛平伝』に記述してある）の一つとしておこなった行にあやかって名づけられたものであるが、俗に「船漕《こ》ぎ運動」ともよばれ、修業経験者にとってはひとしく一種独特の愛着をおぼえさせられるらしい合気道ならではの準備運動である。その要領を簡単にいえば、まず両手を櫓《ろ》を漕ぐように握り、腰を中心として重心をとりながら体を前に屈しまた後ろに反《そ》らせる動作を繰り返す。その間《気》を臍下丹田《せいかたんでん》の一点に集中して精神統一をはかる運動でもあるが、子どもたちは嬉戯《きぎ》としてこれを楽しんでいるようである。その古風な名称や独特の動作からして、いわゆる現代っ子の拒絶反応にあうのではないかとの危惧の予想とは、実際にはむしろまったく逆であった。

ついで「受け身」から「膝行《しっこう》」（座った姿勢をくずさずに膝と腰とを基点として体を移動する動作）などを経て「座《すわ》り技」（座りながら足腰の粘りをいかして「立ち技」と同様にさまざまな技をおこなう）鍛練をみっちり課すわけであるが、この場合も「受け身」はともかく「膝行」や「座り技」にはかなりの抵抗があるものと、当初は予想されていた。なぜならばいずれも畳の上に足を折り敷く「正座」に基づくものであり、正座する習慣が家庭からも失われつつある日常生活に馴れた現代っ子たちはおそらくとまどい、毛嫌いするにちがいないと予想していたからである。だが実際にはこれも予想とは反対に、子どもたちはみな、膝小僧をすりむいたりしながらもまことに楽しそうに反復練習にふけるのであった。

しかも、いつしか「膝行」や「座り技」の前提となる「正座」の習慣になじんだ子どもたちは、べつに意識することなく自然に、礼儀正しさを身につけはじめてくる。古来、武道が「礼に始まり礼に終わる」礼儀・礼節をもって信条とするものであることは周知のとおりであるが、その信条的戒律の厳しさをことさら押しつけがましい説教などで無理じいせずとも、ただたとえば何気なく地道に「正座」ひとつを習慣づけるだけで子どもというものは、自然に自分なりに礼儀・礼節を身につけるようになるものである。という事実が私にはうれしかった。合気道が「正座」を前提とする「膝行」や「座り技」鍛練に重きをおく意味あいが、この事実によって明らかにされるからである。合気道が、修業者を外面的に厳しく縛る戒律を掲げるなどのことをせず、あくまでも修業者個々の内面（つまり、心）における自発的かつ自律的な実践志向（つまり、やる気）を尊重する行き方、いいかえれば修業をもって修業者個々の自覚的な「行」と解することの意味あいが、この事実によって納得されうるであろうからである。

　思うに「正座」という日本固有の伝統的作法は、畳生活から生じた一様式であるにはちがいないが、しかし同時に、代々の長い歳月の間にじつはより深く日本人の民族的心性として血肉化され、大脳にいわゆる刷り込み《インプリンティング》された〝おのずからなる躾〟なのではないか。したがって、たとえ正座する習慣が生活様式の変化にともなってしだいに失われてゆくとしても、日本人の心性から「正座」の深い精神性の記憶は、そうおいそれとは消え去らないのではないか。子どもたちが道場において背筋を伸ばし、両手を両膝の上におき、蹠《あなうら》を重ねて正座する時のおのずから落ち着いた表情を見るにつけ、私はそのような思いにとらわれ、いかなる生活様式上の変化が定着しようとも少なくとも合気道においては「正座」およびそれに基づく「膝行」「座り技」鍛練をあくまで護持しよう、と心に誓うのである。武道上の礼儀・礼節を守るためにというよりは、日本人の民族的心性を守るために。

ともあれ合気道少年部における、ざっと以上のごとき子どもたちの態度の成長ぶりや変貌ぶりに接すると、私たちは彼らを合気道の門に迎え入れたことへのいささかの自信をいだかされる。と同時に、そのようなまだ純真な人間的素材であるところの少年少女たちをあずかるおとなとしての責任、社会的な責務の重大さをもまたわれわれはひしひしと痛感せざるをえないのである。

世上、昨今、一部の非行・暴走の少年少女たちの行動およびその不幸なる破局ぶりが報道され論議されるにつけても（ごく局部的現象にもかかわらず誇張して報道・論議し、いたずらに同年代層を刺激し挑発するかのごとき一部マスコミのありかたにも問題はありそうに思うが）、われわれはおとなとしてまた社会人としてその非や暴を未然に制御《コントロール》できぬ力不足に歯がゆさをおぼえるのであるが、もしかりに合気道少年部の役割が多少なりと制御の力たり得《え》ているとすればこのうえない喜びである。そしておそらく、わが子にあえて合気道の門をくぐらせた父親・母親の期待するところもまた、ひとつにはそのあたりの事情にかかわるものであろう。それだけに、期待を託されたわれわれとしては、現在より以上に心して真剣に、注意深く、地道に少年少女たちの心身の健やかな成長をねがいつつ彼らの錬成につとめなければなるまい。

その際ひとつ気をつけなければならぬのは、父親・母親のある種の偏《かたよ》った過大な期待にまどわされぬよう留意すべきだという問題である。というのはおうおうにして、わが子の非力さや気の弱さを憂える気持ちがあまりにもつよく作用して、性急にいわゆるスパルタ式のしごき的訓練を要望する声がないとはいえないからである。それは現在の学校その他における教育的環境にいわゆる〝厳しい躾〟が欠けていると思われているところからくる要望などとも複合して、時には過度の〝力信仰〟への期待感となる。それは心情的には理解できないわけではないけれど、率直にいって合気道の本質的な趣旨とは相容《い》れるものではない。他の武道の中にはその種の要望にこたえ、あるいは便乗して過度の〝力信仰〟を若年層に煽《あお》りたてるむきもあるやに伝え聞くが、それはむしろ暴にむくゆるに暴をもってしようとする裏返しの暴力主義であり、合気道の好むところではあり得《え》ない。

合気道は本書全篇にわたって強調するように、究極は「和」と「愛」とをもって理想とするところの求道的な《気》の武道であり、心身とくに心の錬磨錬成をつうじて人間的・人格的完成へと導くことをめざす「行」の道であるからである。

したがって非力な子どもや弱気な子どもに対しては、心身を地道に反復鍛練することによっておのずから身につく《気》の力、つまり気力や気迫の養成に重点をおき、気力や気迫を体得することで自然に落ち着きやもの怖じしない自信、あるいは友だちとの協調性などが心にしっかりと根づくよう指導しなければならない。そうした趣旨や目的をあらかじめよく親にも子にも理解してもらうことが何よりもたいせつであり、また事実、現在修業に励んでいる合気少年少女たちの場合はほとんどすべて、本人も両親もその点を十分にわきまえながら道場にかよい道場にかよわせているものと考えてさしつかえあるまい。

ただしそのような理解の上に立つかぎり、道場での心身鍛練は相手が少年少女であるからといって甘やかす必要はまったくない。また甘やかさぬほうが信頼感を深めるものであり、稽古は和気あいあいのうちにも秩序ある正しい厳しさによって貫かれるのである。

修業層の幅と厚みについて思うこと

ところで、ざっと以上に記述したごとき合気少年少女たちの急増よりはいくぶん早くから目立ちはじめていた傾向であるが、合気道ほど熱心な女性一般の入門者が多く、またまじめに修業をおこなっている武道は、おそらく他に類をみないほどなのではなかろうか。

むろん女性のスポーツ・体育面への進出は日本においても戦後きわめて顕著であり、ボクシングや相撲、ラグビーその他、肉体的条件の完全に適しないわずかな分野を除いては、これまで男子のみの領分であるとされていたマラソンをはじめほとんどの種目に女性が進出しているようである。そして武道の世界においてもまた柔道、剣道、空手、拳法その他すべての武道で女性の姿が目立つことは周知のとおりである。

しかし合気道と比較した場合、その数または男子との比率は他武道のほうがおそらく低いと思われるし、それればかりでなく入門の動機や目的の多種多彩さ、入門後の修業態度のひたむきな熱心さや求道的自覚の深さ、きわめて高い愛着心や定着度、中高年婦人や主婦・母親らを少なからずふくむ年齢・職業など層的構成の幅の広さその他、いわば量のみならず質においても他武道の女子修業者とはいささか微妙にその類を異にするように思われるのである。要するに合気道ほど心ある女性一般がごく自然に関心をそそられ、また入門後もなんらの抵抗感も差別感もなく自然にとけこめる武道はない、といったことがいえるのかもしれぬ。

そのためか合気道は外部一般から、時には見当はずれの誤解をうける。たとえば「女性偏重の印象をうける」とか「合気道は女性向きの武道なのか」「女性的な武道なのか」といったたぐいの無邪気な、苦笑ものの誤解である。かと思えば「男女が共に稽古すると聞いたが邪道ではないか」とか「女性が多いと男性の修業に邪心がはいり迷いが生ずるのではないか」といった次元の低い偏見。あるいは「女性の場合は武道ではなく護身術、健康法、美容法としてやっているのではないか」とか「稽古の内容はまったく同じなのか、それとも女性には多少手加減をしているのか」といった、誰もがいちおうは疑問を感じるにちがいない事柄への質問などである。

これらの誤解や偏見や疑問はいずれもまだ実際に合気道を体験したことのない者の言であり、多少なりと修業を経て合気道の本質にふれ、合気道の主旨をつかみ、合気道の求道的厳しさを味わった者であるならばまず絶対に発することはありえないと思われることばである。

なぜならば合気道はすでにそのつど強調してきたように、あくまでも宇宙の《気》と人間我れの《気》との一体化をめざすところの宇宙的・人類的視野に立った万人普遍の武道であり、開祖の道歌にもあったごとく「万《よろず》和合」の武道にほかならないからである。門戸は内外を問わずひろくありとあらゆる層にむかって開かれており、入門修業にあたっての老壮青少あるいは男女の別のごときは一切いささかたりとも問題とせぬところにこそ、合気道の基本的な特徴がある。したがって先の少年少女たちの場合と同様、また後述するであろうところの中高年者たちの場合と同様、女性たちが入門し修業に励むことには何らの不思議はなく、ただその質量が他武道に比較していささかまさるからといって特殊視される理由はまったく見当たるまい。合気道が〝女性偏重〟であるとか〝女性向き〟であるとかいったたぐいの誤解・偏見は、あまりに浅薄皮相、表面的な質量の多寡《たか》からのみ軽々《けいけい》に判断するところの短絡的思考であるばかりでなく、裏を返せば女性に対するいわれなき差別意識のあらわれであるとも解されるのではなかろうか。

合気道は、ことさら断るまでもなく女性偏重でないと同時に男性偏重でもなく、男性偏重でないと同時に女性偏重の武道でもない。まして〝女性向き〟あるいは〝女性的〟うんぬんなる発想があるとすればその発想自体の意味すら理解に苦しむが、もしかりにそれが、武道をかつての封建時代におけるような〝男性のみの特権〟視する男性中心思想に基づく発想であるとするならばことは今日《こんにち》における武道のありようにもかかわる問題であるゆえ、いま少しく検討を要する問題であるかとも思われる。

すなわち武道を〝男性のみの特権〟視する男性中心思想は、一面において、戦場死生の間に闘う者が男性に限られていた古武道・古武術発祥の当時にあっては容認さるべきものであったと解される反面、本書第一章冒頭において先述したごとく今日の武道が心身鍛練を主目的とするにいたった現在、それを容認することは客観的にも許さるべきではない事柄に属しよう。いいかえれば武道を〝男性のみの特権〟視する思想はより武闘・格闘的状況を前提として成り立ち、また価値あるものであり、武道を〝心身鍛練の道〟として解する思想はより人間的・平和的状況においてその意義を有するものであるということができるのではあるまいか。

とした場合、答えは明らかであろう。武道を〝男性のみの特権〟視する思想は、少なくとも現在のわが国における人間的・平和的状況下においては成り立ち難いといわざるをえまい。

ただしここであえて一言をつけ加えるならば、現在の人間的・平和的状況下においても、いやそのような状況下にあればこそその好ましい状況をより恒久化するためにもいわゆる「専守防衛」の思想とその推進が必要なのではないか。そして「専守防衛」の思想はひろく国民一般が心にいだくべき思想であるがゆえに、かならずしも男性中心的な特権的性質のものであるとはいえぬはずである。むしろ心ある女性が多く共感し、賛同し、参加してこそ「専守防衛」の思想はその本来の人間的・平和的意義を内容的に高めることができるのである。今日の武道に女性一般の、それも心ある女性有識層の入門修業が目立ち、またさらに積極的な参加が望まれるのは、そのような意味においてむしろ大いに歓迎すべき事柄であるというべきなのではないか。

究極的には「和」と「愛」の求道的武道である合気道は、しかもその内に強靭なる「武」の精神を内包するありようから、しばしば「専守防衛」を堅持するわが国の理想にもっともふさわしい〝専守防衛の武道〟であるとの評言を頂戴する。もしその評言の趣旨が前記のごとき意味内容であるならば、私どもは喜んでこの評言を肯定するであろう。

話がいささか余談にわたった感があるが、いずれにせよ合気道が女性の入門・修業に関して考えるところの基本的見解は、おおざっぱにいって以上のようなものであるといってさしつかえなく、ひいては先に挙げたごとき「女性の場合は武道ではなく護身術、健康法、美容法としてやっているのではないか」とか「稽古の内容は同じなのかどうか」といった質問に対する回答もおのずから明らかである。

すなわち結論的にいえば合気道は、女性にとっても武道以外のなにものでもなく、またその修業内容においてもいっさい男性における場合との相違はないのである。そのことは実際に女性が合気道に入門してまず痛感させられる事柄でもあろう。

じつをいえば女性の入門希望者の中には、正直のところ当人自身が当初はもっぱら護身術、健康法、あるいは美容法としての効用や効果を期待してくる者がけっして少なくはないのである。それはたぶん、合気道に女性が多いということを主目的とした新聞雑誌類の記事の中に、正確な取材をおこなうことなくある種の先入観（つまり前記の誤解に類する）をもって安易にまとめられた紹介があり、そのような記事をうのみにした結果なのであるだろう。

そしていざ実際に入門してみた後にはじめて、合気道が、心身相関の厳しい錬磨の反復繰り返しによって《気》を養い《気》をはたらかせることを初心の目的とするところの、まさしく現代の武道にほかならないことを実感する。安易に予想していたような健康法あるいは美容法としての効用や効果などは、じつは合気道の本質からは大きくはずれるものであり、ただたまたま心身鍛練の結果として当然のことながら体が壮健になり、容姿が美しく引きしまることは事実であるとしても、それはいわゆる当世風の人工作為的なインスタント健康法や美容法とは根本的に違うものであることに気づかせられるのである。

おおむねこのようにして、さて実際に合気道を修業しはじめた女性の大半は、まず実技よりははるか以前の正しい姿勢のとり方からはじまる基本動作の躾に、いささかしびれをきらせるかもしれぬ。また間合いのとり方や運足法(足の運び方。合気道においては運足はすべて能や舞のような「すり足」でおこなわれなければならない)の意外な難しさにとまどうかもしれぬ。臍下丹田に蓄え手刀をつうじて発せられる呼吸力の、体感体得するよりほかないありように、ある種の不確定感をおぼえるかもしれぬ。前回転してバランスをくずすことなく起きあがり直ちに次の動作に移らねばならぬ受け身が、なかなか思うにまかせず、バランスをくずしてしたたかに全身を地に叩きつけ痛さにおもわず悲鳴をあげるかもしれぬ。

おそらく当初、十人中十人までが味わうに違いないこの種の不安や困惑、さらには痛みや汗をともなう体験は、しかし彼女たちのやる気を挫《くじ》けさせないようである。少なくとも十人中八人までの女性は合気道修業を中絶させることはない。それどころか、彼女たちに聞くと、そうした体験はかえってある種の鮮烈なる刺激となり、かえって心を奮いたたせ、体の活力を目ざめさせることになるのだという。つまり意欲をかきたてられるのだという。

その点は男子入門者においても同様であるといってしまえばそれまでであるが、いかに〝女性が強くなった現代〟とはいえ日ごろはやはりどちらかといえば安楽・優雅なる生活にひたっているはずの女性の感想として聞く時、古き時代の〝大和《やまと》撫子《なでしこ》〟像のぬぐいきれぬ私などには、正直のところやはり多少意外の感がする。だが彼女たちが異口同音にいうところから察すれば、女性の心身には生来したたかな耐久力や反発力が、生命を生みいだす存在である女性のいわば母胎力として潜在しているのかもしれない。

いずれにしても、少なくとも合気道においては、女性入門者にはいわゆる三日坊主が稀であるばかりでなく、合気道にしだいに深くとらえられて持続する者のほうが圧倒的に多いのである。

その理由を一概に挙げることは難しいと思われるが、彼女たちが一般新聞・雑誌類のインタビューに答え、あるいは財団法人「合気会」（合気道本部道場）編集発行の月刊機関紙『合気道新聞』に寄稿している感想文などによると、ざっと次のような理由によるもののようである（発言者氏名略）。

「入門前はでんぐり返しもできなかったのに、はじめて前受け身ができたときはうれしくて、まるで超人にでもなったような気がした」

「最初のころは投げられるたびに泣きたくなり、無器用なせいか体中アザだらけになったりしたが、半年ほどで自分の体がマリのように軽くはずんでくるように感じた。アザになることなどはまったくなくなり、ふだんでも躓《つまず》いたり転んだりすることが一切なくなった。同時に、どちらかといえば引っこみ思案だった性格が明るくなり、自分でもびっくりするほど積極性が出てきたと思う。ひとからスキがなくなったともいわれるようになった。別にそう〝武道〟を意識しているつもりはないのだけど、心にも体にも何か一本しっかりとした筋金が通ったような気がするし周囲の気配に敏感に動作が反応するようになったところをみると、やはりある意味で自分は〝武道家〟になりつつあるのかもしれないな、と考えたりする」

「袴《はかま》姿の自分を鏡で見るたびに、われながら凛々《りり》しく魅力的ですてきだなと思う。正座の習慣で姿勢がよくなり、お茶やお花の稽古にいっても先生からいつもほめられる。日本舞踊も習っているが、腰の安定や足のつかい方がよくなったとほめられる。畳の生活をしている私には、座り技の鍛練は起居振舞のうえですごく役に立つ」

「男性よりどうしても体格や体力で劣る女性でも、力くらべが目的でない合気道ならば劣等感をもつことなく稽古できるのがうれしい。柔道をちょっとやったことがあるが、襟をつかまれて引き寄せられたり、寝技で仰向けに押さえこまれるのが女性としては意識しまいとつとめても何か気になるので、嫌《いや》になってまもなくやめてしまった。合気道には寝技がないし、固め技の抑《おさ》えにしても俯《うつぶ》せで腕や手首の関節を型として決められるだけだから、とにかくさっぱりしていて清潔感がある」

「〝受け〟のおもしろさというか、うまく投げられたときの気持ちのよさ。突っぱりやこだわりの自尊心とか虚栄心が吹っきれる感じがして、なにか人間が素直になってゆくような気がする。合気道は〝動く禅〟などともいわれていると聞いたことがあるが、ありのままの自分を快くさらけだせるようになった気持ちが〝禅〟なのかな、と思ったりする」

「長続きしているのは、ひとつには道場でいろいろな人に会えたり、稽古の相手をしてもらえる楽しみがあるせいかもしれない。勝ち負けを競いあうわけではないので気分的に楽だし、ライバル意識がないので誰とでも仲よくできる。気を合わせる稽古に明け暮れているせいか、日常生活での対人関係までぐっとよくなってきた。たとえば、以前は相手かまわぬ一方通行のおしゃべり女史などと陰口をたたかれていたらしいが、今では〝話し上手の聞き上手〟になったと職場の上司や同僚らからほめられる。合気道で、相手を合気するだけではなく相手から合気されることも、またたいせつだと学び、常に相手の立場や気持ちを察してあげれるだけの心のゆとりが生まれてきたのかもしれない」
「合気道の転換法をどうやら習得し円転の理がおぼろげながらのみこめるようになったころから生活の場面の切り換えが円滑になったようだ。育児、家事、交際、趣味、読書などをぱっぱっと上手にさばけるようになり、無駄な時間の浪費が減って、そのぶん自分の世界が広く豊かになったような気がしている。合気道はすでに私にとって重要な生活の歯車の軸であり、もう絶対に欠くことのできない心身の潤滑油となっている」

これらの発言をおこなっている女性には大学の講師あり会社づとめあり、家庭の主婦あり女子大生あり、医師あり代議士秘書ありで階層や年代はまちまちであるが、発言内容にはどうやらある共通点があるようにも思われる。

つまり合気道の本質を直感・直覚的にかなり的確にとらえており、しかもどこか男子修業者とはひと味違った情緒性や生活実感性がともなっている感受の仕方である。いいかえれば、合気道修業の方式や内容においてはなんら男女の別が設けられていないにもかかわらず、それを受容するありようにはおのずから男女の別があらわれるという事実であり、それは修業の鋳型化を避けようとする合気道の意向からしてもむしろ喜ばしいことである。

すなわち合気道においては、十人十色あくまでも個々の修業者の個性的特長を自由に生かすところに眼目があるのであり、したがって修業の方式や内容はひとしくとも、あらわれとしては女性には女性なりの、また男性には男性なりの別があってしかるべきであると考えるからである。

その意味で、たとえば、女子プロレスなみに男性顔負けの腕力強化に専念したり、男性に張りあっていわゆる男まさりの闘争心を粗暴にムキだしにするような女性修業者は、本末転倒のそしりをまぬがれず、合気道においてはお断り申しあげたいと思う。心優しいがゆえに芯が勁《つよ》く健気《けなげ》であり、力弱いがゆえに我慢強く粘り強い、己れの分をよくわきまえた謙虚にして賢明なる女性ほど合気道適性であり、事実また実技の上達も早いものなのである。

いずれにしても合気道は、実際に修業してみれば先に誤解の一例として挙げたような一部門外漢の〝女性向き〟〝女性的〟などの偏見がいかに愚劣であるか容易に判明するであろうとともに、合気道が、かならずしも男女一律の様相や様態あるいは成果などを望んでいるものでないこともまた理解されるであろう。

なお前節においてふれた合気少年少女たちの中には、かつて自身が合気道に打ちこんだ経験を有するいわば合気道ＯＢの子や孫、あるいは現在修業中の父親や母親のすすめによるケースが少なくないと同時に、最近ではわが子につき添って道場通いをするうち自分も入門し、時にはむしろ子ども以上に合気道修業に熱中するようになった母親が想像以上に多くいる。つまり、そのような経緯をたどって親子代々修業者となるケースが年々ふえつつある。いうならば〝大家族的構造〟がおのずから形成されつつあることも、最近の合気道の特色の一つだといえるかもしれない。

合気道人口は昭和五十六年秋現在、開祖植芝盛平の正統主流の道統を継承する財団法人「合気会」(本部道場および国内支部道場約二百五十余、並びに学連、実業団、官庁関係ほか海外各団体を統括)所属の国内約五十数万名、国外約十数万名、あわせて総計約七十万名前後の数にのぼっている。これに開祖の旧内弟子らの主宰する支流、あるいはそこより派生した傍流、さらに厳密には合気道とはいいがたいがみずからは〝合気道〟的なる呼称を名乗り〝合気道〟を模しているところのいわば亜流をまでふくめるならば、広義の合気道人口はいま少し多数をかぞえることになろう。

そしてその修業層の幅の広さと厚みについて考えるとき、私は改めて現在形成されつつあるところの代々の〝大家族的構造〟の意義に深く想いいたらざるをえないのである。

老壮青少ともに和して断絶を知らず

ところで、修業中の者にはすでに周知のことかとも思われるが、合気道はこの秋（昭和五十六年十月）、記念すべき「本部道場創建五十周年」を迎えた。

昭和六年（一九三一年）開祖が四十八歳の折、みずからが大正末年このかた営々として築きあげ創始したところの「合気道」に対しての本腰すえた修業場、八十畳の本格的道場を本部道場として現在の地（当時の牛込区若松町一〇二番地、現在は新宿区若松町一〇二番地）に完成して以来、合気道はいま五十年の年輪を刻むにいたったのである。短いようで長く、長いようで短い歳月ではあったけれど、開祖を師としてまた父として身近に仰ぎつつ歩んできた私には、まことに無量の感慨が胸の奥底から湧きあがるのを禁じえない。道統をよくぞここまで護持し発展してこれたものとわれながらいささかの自負と満足とをおぼえるとともに、あらためて五十年間あるいはそれ以前をもふくむ六十余年間、有形無形の献身と寄与とを尽くしてきた同門修業の同志たちに心からなる感謝の念を捧げたく思うのである。

とりわけ私が忘れることのできないのは、すでに故人となられた合気道草創期の大先輩諸氏であり、また現在なお直接間接に合気道と有縁《うえん》のかかわりをもたれ続けている文字どおり長老とも称すべき戦前よりの同志諸兄である。

その中には、開祖の存命中に内弟子として住みこみ、公私にわたって開祖から指導育成の手ほどきをうけた諸人物をはじめ、内弟子ではないが開祖の偉大なる武道に傾倒親炙《しんしゃ》してひたむきに修業に励みつづけた人物、開祖の人格識見に私淑して物心両面の助力と応援とを惜しまなかった各界各層の有識者、実力者がいた。また、若き日の私と日々の稽古をともにしながら相携えて道統の充実発展に尽力してくれた諸人物をはじめ、国内各地あるいは海外各地において合気道開拓・飛躍の労をとってくれた人物、開祖亡きあと道統のよりいっそうの強化・推進のためすすんで私の手となり足となることを申し出て協力してくれた人物たちがいる。

ここではそのいちいちの氏名は列挙せぬが（拙著『合気道開祖　植芝盛平伝』に逐一記載しておいたゆえ）、いずれもその名や面影を想い浮かべるだけで、合気道の半世紀におよぶ歴史のさまざまな場面が、つい昨日の出来事でもあったかのようにまざまざとよみがえってくるのである。

たとえば、時には〝地獄道場〟の異名をとるほど血気壮《さか》んなる強者《つわもの》たちが開祖の下に蝟集《いしゅう》してさながら梁山泊《りょうざんぱく》の観を呈し、時には遠く満洲建国の地にまで開祖の合気道普及の情熱がおよび、かとおもえば一転して、現在「合気神社」を祀《まつ》る茨城県岩間の里に沈潜して求道と農耕のいわゆる〝武農一如〟に合気道の活路を見出そうとはかった戦争末期下の労苦もあった。また終戦後数年間〝武道敵視〟の風潮下における隠忍自重、わずかに少数の有志のみがほそぼそと修業して道統の灯を絶やすまいと誓った日々、そして昭和二十三年（一九四八年）二月九日、文部省より「財団法人合気会」の認可がおりて再発足への足がかりが固められた喜びの時。

その他さまざまの節目ごとの思い出や悲喜哀歓の記憶が、先述したような諸人物の名や面影をともないつつよみがえるのであるが、しかし同時に私が切に思慮するのは、それらの思い出や記憶をたんに私個人の懐旧にとどめてはならず、もしとどめるならば合気道の歴史的要素の意味あいの重さが一般にはよく伝わらずに過ぎるのではないか、ということである。つまり合気道のかならずしも平穏無事とはいえなかった歴史、いやそれどころかある意味では波乱にとんだ歴史のありようを正しく後世に伝えるためにも、先述したような過去の草創期、開拓期、激動期、沈潜期、飛躍期その他において合気道の歴史づくりに参加し、労苦をともにして協力し献身してくれた諸人物の存在を「われわれはけっして忘れ去ってはならぬ」と、ここで私は、後続の修業者および合気道に関心を寄せてくれる人々につよく訴えておきたいと思うのである。

なぜならば、いうまでもないことであろうが、今日《こんにち》の合気道は今日ただいまにわかに出現したものではないからである。今日の合気道はそもそも、開祖植芝盛平を絶対の中心とする道統創始このかたの歴史の延長線上に存在するものであり、また今日の修業者はそもそも道統創始時このかたの、開祖に教えをうけ開祖を中心として参集したところの私をはじめとする先達《せんだつ》たちにつながる人脈系譜の延長線上に在る、というべきであるからである。

しかも年輪すでに六十年をこえる半世紀余の歴史を経過した今日、その人脈系譜もはや二代目、三代目、あるいは四代目すら登場するにいたっている。そしてその人脈系譜の内実も、前節において少しくふれたとおり、親子代々ひき続いて修業者となるケースがきわめて多く、おのずからそこには〝大家族的構造〟がしだいに形成されつつあるのである。したがって合気道の歴史づくりへの参加者は、いわば〝大家族の祖先〟ともいうべき意味あいをおびつつあるとも解されるのであり、われわれが日ごろみずからの個々の家系の祖先を敬い祀《まつ》るのが情理の当然であることとまったく同様に、合気道修業者はそれら諸先達の存在を「けっして忘れてはならぬ」と思うのである。

ただ幸いなことに合気道は、こうした点に関しては私があえて訴えるまでもなく、すでに修業者の多くがそのことをよく承知し、わきまえているといってもさしつかえないようである。そのことはたとえば、稽古をおえたのちの師範らを囲むくつろいだ雑談などの折、若い修業者らの多くが好んで開祖をはじめとする過去の合気道史上の人物たちについての話を聞きたがり、師範らもまたみずからが直接間接に見聞した挿話などを織りまぜながら語り聞かせている風景をしばしば見かけるからである。いいかえれば和気あいあいのうちに修業者たちは、開祖の偉大さを識り開祖の下に参集した先達たちを知るようになってゆくと思われるのである。そのことによって若い修業者たちが、自然に合気道の歴史を認識するようになるであろうことを、私は信じて疑わない。

日々の修業の間に、きびしい実技錬磨のみならず、和気あいあいたる師弟交歓が織りこまれ、その交歓の間の座談などをつうじてごく自然にそれぞれの修業者がみずからの行《きょう》ずる道の歴史を識る、といったありかたは、あるいは合気道独特のものであるかもしれぬ。かつて開祖がまさしくそのような師弟交歓をおこなってきたことの伝統が、無意識のうちに今、活《い》かされているのである。

合気道はよく「老壮青少一体の武道である」などともいわれている。つまり老年、壮年、青年、少年の修業者たちが年齢・年代をこえて道場に相集まり、なんらの分けへだてなく相混じり、相和して修業に励むことからいわれる評言であり、事実、合気道の特長の一つはまさしくその点にあるといっても過言ではあるまい。ある種の武道などにおうおうにして見うけられると聞く若者世代の専横ぶりのごときは、合気道においてはまったく考えられないことである。

おそらくそれは合気道が、いわゆる腕力的な実力勝負の愚を避けて（つまり試合方式を絶対にとらず）、あくまでも心身錬磨の求道的な日々の「行」を第一義とする武道であるからであろう。「老」は老なりに、「壮」は壮なりに、「青」は青なりに、「少」は少なりにそれぞれの心身を錬磨し、しかも「老壮青少」が相混じり相和して稽古をおこなうこともまた可能であるという点こそ、合気道修業の長所であり美点なのではあるまいか。

そのことによって「老壮青少」の間にはおのずから心の交流が生ずるがゆえに、いわゆる世代間の断絶はありえない。また心の交流が生ずるがゆえに互いに互いの存在価値を認めることとなり、たとえば「少」は「青」の実力に憧れ、「青」は「壮」の心身の充実に学び、「壮」は「老」の豊富なる経歴に基づく識見や自在円満の技に教えられる。またその逆に「老」は「壮」のみなぎる元気によき刺激をうけ、「壮」は「青」の激しい覇気のエネルギーを吸収し、「青」は「少」の邪気なき素直さに初心をおもいかえすこととなる。そのような絶えざる循環の相関・相乗によって合気道は、全体として調和のとれた活力をつねに保持することが可能であると同時に、またおのずから礼節が生まれるともいえるであろう。互いにみずからの分を心得、相手の価値を認めるところから、真の意味における礼節は生まれるものと思われるからである。

いずれにしても合気道は、本章全般をつうじて例示し示唆したごとく、修業層の幅の広さや厚味においてかつていかなる武道にもみられなかった特長を有していると自負したい。それが開祖の説いてやまなかった「和」と「愛」の武道精神の一つのあらわれであるが故《ゆえ》に。

われわれは今後とも「老壮青少」一体となって、この「和」と「愛」の武道精神を旨《むね》としつつ、日々の修業の「行」につとめ励まなければなるまい。

正座内観

まず正座して臍下丹田に気をあつめ，己れの内なる心を観る

合気道ならではの座り技

日本古来の礼法をふまえた座り技は、合気道基本の鍛練法また技法として重視される。足腰が強化され、重心のとり方が会得される。

❺

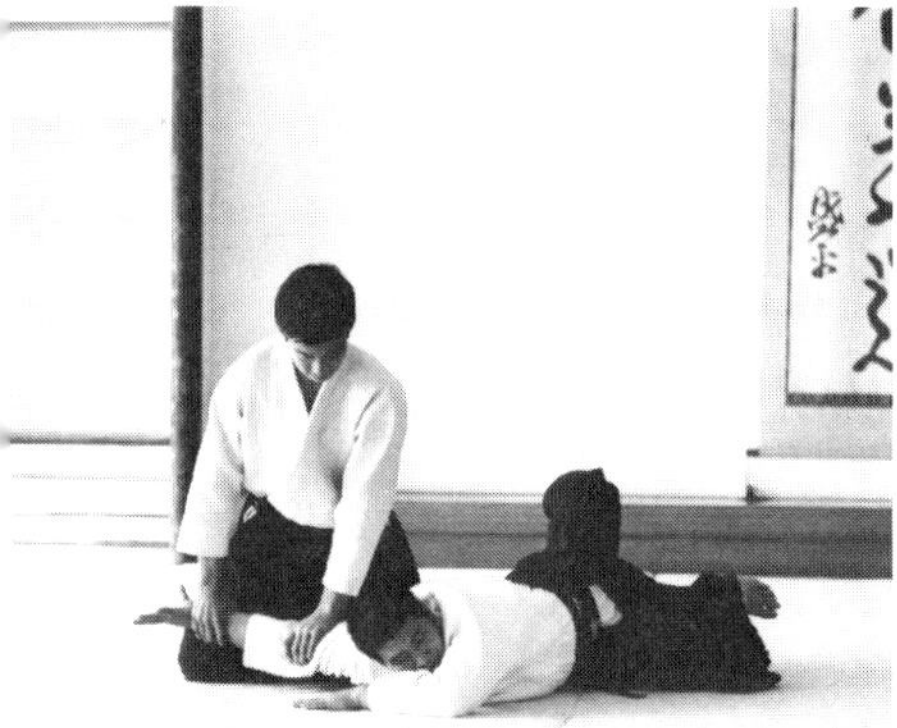

❻

❹

❼

稽古に先立って船漕ぎ運動

合気道独特の準備体操として親しまれている〝船漕ぎ運動〟は本来神前祭祀の行たる「天ノ鳥船ノ行」にあやかって創案されたもの。

❶

❷

❺

❸

❻

❹

早朝稽古

一年を通して午前六時半より始まる早朝稽古。
多くの熱心な修業者が参集する。

老壮青少、相ともに励む

年齢、性別、職業、階層などにいっさいかかわりなく相ともに和して道場で稽古に励むところに合気道の開放的な修業の特徴がある。めざましい少年部の増加。「礼儀正しくなる」と好評を得ている。心ある女性たちが袴姿も凛々しく修業に励んでいる。

昭和五十五年度全国学生合気道
演武大会

全国の大学生たちが日本武道館で日ごろの練磨の成果を披露。

第四章

心とともに技を体得せよ

◉開祖の道歌にいう
「合気とは筆や口にはつくされず
言《こと》ぶれせずに悟り行へ」。
真理求道の実践の行により
技ははじめて「気心体一如の業《わざ》」と化す。

極意とはすなわち「合気道の心」に達すること

戦前の話になるが、来日したある高名なドイツ人軍事科学者が日本刀を数口《ふり》わざわざドイツ本国にもち帰り、最高度の製鋼技術開発能力をほこるさる研究所に依頼して、徹底的に組成や製法の科学的分析をおこなわせた、という話を聞いたことがある。

彼はかねがね日本刀が西欧製の刀剣にくらべて多くの特質をもっていることに着目していた、日本刀礼讃者であったらしい。一見このうえなく簡素な直刀にみえる日本刀が、じつは柄《つか》や刀身の細部にわたって造作《つくり》の工夫をこらしている精妙さ、斬り味の鋭さと手ごたえのすッと抜けるような柔らかさ、斬りおわったのちにめったには刃こぼれをみせぬ強靭な粘性ある硬質さなどに感嘆していた彼は、ただその日本刀が彼には原始的としかおもえない日本古来の刀鍛冶《かたなかじ》の手づくりである点に関してだけは、いささかの不満をいだいていた。その不満のなかには日本人が日本刀を極度に神聖視し、神前で白装束をもっておこなわれる製法も秘法とされ、いくら懇願しても絶対に製作現場に入れてくれぬ刀鍛冶への不満もまじっていたに違いない。

そこで彼は、日本刀の秘密をとく一手段として日本刀自体の素材や組成を科学的に徹底分析し、それによって得られた精密な科学的データを駆使して、いわば完全に科学的に裏づけられるところの日本刀を復元製作してみようと思いたったのであった。彼の頭のどこかには、そうすることによってあの神秘主義的な（と彼が思う）刀鍛冶のハナをあかしてやるぞ、といった意地もあったかもしれない。科学への絶対の信頼感をいだく典型的なドイツ人科学者である彼は、おそらく日本刀の科学的復元の可能性に大きな確信をもっていたに相違ない。

だが結果は、ついに失敗におわったという。なるほど素材や組成の科学的分析はさほど困難ではなかったが、そのデータに基づいていざ実際に工場で科学的機器を用いて製造してみると、日本で手づくりした日本刀とはくらべものにならない平凡な刀剣しかできあがらない。科学技術の粋をつくして何度試作しても結果はいつも不本意におわり、さすがの彼もとうとうあきらめて改めて日本の〝原始的、神秘的な刀鍛冶〟に脱帽せざるをえなかったのであるという。

伝えられるところのこの挿話は、日本古来の伝統的技術というものがいちおうは科学的に分析できるかにみえて、じつは究極のところ分析不可能なある特殊な要素や要因から成り立っている事実を示唆した、興味ぶかい一例なのではあるまいか。つまり日本古来の伝統的技術というものが、長期間にわたる修行的経験の蓄積によって養われるところのいわゆる「カン」にたよるところが多く、その「カン」をはたらかせるには、限りある自力を超えるところの無限の〝神〟の力を借りるべく精神を緊張の極限にまで集中・統一的に高める、いわゆる「神がかり」状態に待つところが大であることを示唆していると思うのである。

先の日本刀の場合でいえば、現在なお一品製作の銘刀づくりとして存在する刀鍛冶は、代々秘伝として習得させられてきた素材の選択や調合を「カン」をもっておこない、また焼き入れから叩き打ち、水入れといった素型の仕上げまでの工程もほとんど「カン」にたよってすすめているようである。

日本刀は周知のように大別して柄《つか》と刀身とに分けられ、刀身はさらに切尖《きっさき》、刃、棟《むね》(背)、鎬《しのぎ》(刃と棟の間の側面の高い一線)などに分けられるが、それらの各部分はそれぞれ剣法に際してやや異なった役割をもち、その役割にしたがって素材にも仕上げの工程にも微妙な差がつけられるものであるらしい。そしてその差は結局、ただ「カン」によってのみつけられる種類の微妙なものであるという。つまり極度の精神の集中・統一が必要となり、刀鍛冶はその場に神棚を設けて神を祀り、精進潔斎《しょうじんけっさい》の白装束姿ではじめて心に落ち着きを得て仕事に取りかかりうるわけである。もしそうしない場合は神の怒りにふれて「カン」が狂うものと刀鍛冶はかたく信じて疑わない。かくて日本刀は「カン」と「神がかり」によって手づくりされるのであり、科学をもってしては分析の不可能なある種の神秘的魅力を放つことになるのである。

したがって、日本刀の神秘的魅力にとらえられたのであろうドイツ人科学者が科学をもって分析を試みたことは、そもそも最初から矛盾があったのであり、分析が成功しなかったことはむしろ当然であったというべきであろう。

ところで、この挿話の示唆するところはまた、合気道における技の極意《ごくい》を問われた場合の困惑にもつうじるもののように思われる。すなわち極意とは、問われてすぐにあれこれと他人《ひと》に解説教示できるような種類の事柄ではないからである。各人がそれぞれ心身錬磨の求道的な長い修業の行を経たのちに、ようやく、ある時機にあるいは会得する幸運に恵まれるかもしれないところの個人的ないわば神秘的体験の一種であり、理屈のみでは割りきれぬ特殊な複合的要素と要因とをふくむところの「日本古来の伝統技術」の一種であるともいえるからである。

しかしまた極意とは、そこに到達することを志してひたすらに念願し絶ゆることなき心身錬磨の行を持続するならば、いつかはかならず会得しうるところの到達点である、と信ずべきものである。いいかえれば極意とは「念」と「信」とからのみもたらされるところの心的開眼のありよう、つまり「合気道のこころ」を悟達することにほかならないのである。

では合気道におけるところの極意とは、いかなる心的開眼のありようなのであろうか。どのような「合気道のこころの悟達」状態において会得されうるところの、いうならば「真理」なのであるか。

その回答は、先述したごとく極意把握が各人各様なりに異なって会得されるべき性質のものであり、さまざまな心的段階によってありようが異なってくる性質のものであるがゆえに一概にこれとはいいきれぬ。だが合気道における最高の極意すなわち最高の真理は、いうまでもなく開祖植芝盛平が究極的に到達しえたところの「合気道のこころの悟達」をもって解さなければなるまい。

次にその開祖の極意すなわち到達したところの真理を、開祖自身の言によって示しておきたいと思うが、合気道修業者はすべからくこの「極意・真理」を究極のいわば達成目標と心得たうえで、それぞれ各人各様なりの心的段階に応じたいわば目標達成過程における過程的な「極意・真理」の把握につとめるべきであろう。

開祖はいう。

「私は武道を通じて肉体の鍛練を修業し、その極意をきわめると同時に、より大いなる真理をもかちえたのである。すなわち武道を通じはじめて宇宙の神髄をつかんだ時、人間は〈心〉と〈肉体〉と、それをむすぶ〈気〉の三つが完全に一致し、しかも宇宙万有の活動と調和しなければいけないと悟ったのである。

つまり『気の妙用』によって、個人の心と肉体とを調和し、また個人と全宇宙との関係を調和せしめるのである。

もし『気の妙用』が正しく活用されなければ、その人間の心も肉体も不健全になるばかりでなく、やがては世界が乱れ、全宇宙が混乱するもとともなる。ゆえに〈気・心・体〉の三つを正しく宇宙万有の活動と調和させる必要は、世界秩序、世界平和のためにも欠くべからざることである。

合気道は、真理の道である。合気道の鍛練とは真理の鍛練にほかならず、よく努め、よく実践し、よく究めつくすところすなわち『神業《かみわざ》』を生ずるのである。

合気道は、次のごとき三つの鍛練を実行してこそ真理不動の金剛力が己れの全心身に食い入るのである。

一、己れの心を宇宙万有の活動と調和させる鍛練。

二、己れの肉体そのものを宇宙万有の活動と調和させる鍛練。

三、心と肉体とを一つにむすぶ気を、宇宙万有の活動と調和させる鍛練。

この三つを同時に、理屈ではなく、道場において、また平常の時々刻々の場において実行しえた者のみが合気道の士なのである」

また開祖はいう。

「武における業《わざ》はすべて宇宙の真理に合わせねばならぬ。宇宙と結ばれぬは孤独なる武にすぎず、愛を生む〈武産《たけむす》〉の武とは異質である。合気はもとより〈武産〉の武にほかならぬ。

その〈武産〉の武のそもそもは〈雄叫《おたけ》び〉であり、五体の〈響《ひび》き〉の槍の穂を阿吽《あうん》（注・「阿」は開声、「吽」は合声）の力をもって宇宙に発兆したるものである。

五体の〈響き〉は心身の統一をまず発兆の土台とし、発兆したるのち宇宙の〈響き〉と同調し、相互に照応・交流しあうところから合気の〈気〉を生じる。すなわち、五体の〈響き〉が宇宙の〈響き〉とこだまする〈山彦〉の道こそ合気道の妙諦にほかならぬ。

そこに高次の身魂の熱と光と力とが生じ、かつ結ばれることになる。微妙にこだまする五体と宇宙の〈響き〉の活性が『気の妙用』を熟せしめ、武なる愛、愛なる武としての〈武産合気《たけむすあいき》〉を生ましめるのである」

右の道言において開祖が意とするところを察すれば、一つにはすでに概略ふれてきたごとく、心身の錬磨錬成をつうじて「宇宙の《気》と己れの《気》との調和・即応の一体化」にまで到達すること自体であり、また「和」と「愛」とをもって合気道の本旨とするとの信条自体であるといえよう。いずれもまさしく究極的なる「合気道のこころ」にほかならず、開祖がもって「極意・真理」となしたことは当然であった。

ただし一般修業者にとっては、このようなより哲理的なる「極意・真理」はいささか手の届かぬ高次元すぎる境地と感じられるかもしれぬ。正直のところはより実技に即したところの具体的なる「極意・真理」の教示をと望むかもしれない。しかし開祖は、そのような教示はあまり言説としては好まず、その道歌にもあるように「合気とは筆や口にはつくされず言《こと》ぶれせずに悟り行へ」と、あくまでも道場における行をつうじての感得・体得を主張するにとどまった。それは日本刀の神秘的魅力を探るのが分析によっては不可能であり、ただ直感・直覚的な感得・体得によってのみ可能であることと似ている。「こころ」の問題とは本来、そのようなものであるにちがいない。

開祖がやや実技に即して「極意・真理」の一端を示唆したと思われる言説は、おおむね道歌および道場における講話を弟子が筆録してのこしたものである。その数は決して少なくはないが、しかしあくまでも一端の示唆であるゆえ引用に誤解をまねくおそれなしとしない。しかし一般修業者の望みを察して、ここにあえてそのいくつかを紹介することにする。すなわち、まず道歌においては、開祖はたとえば次のように示唆するのである。

「太刀ふるひ前にあるかと襲ひ来る
　敵の後《うしろ》に吾は立ちけり」

「敵多勢我をかこみて攻むるとも
一人の敵と思ひたゝかへ」
「取りまきし槍の林に入るときは
こたては己が心とぞしれ」
「右手をば陽にあらはし左手は
陰にかへして相手みちびけ」
「敵人の走り来りて打つときは
一足よけてすぐに切るべし」
「ふりまわすえものに目付けて何かせん
拳《こぶし》は人の切るところたれ」

以上はいずれも開祖が比較的はやい時期、つまり合気道を創始してまもない壮年のころの道歌であり、合気道の実技的な面での「極意・真理」をやや極限的な生死の場すなわち真剣勝負の場の心象をかりて披瀝《ひれき》したものである。したがって後年の開祖が用いることをかたく避けた「敵」などの語をかりているが、その意とするところが道場における稽古修業の要諦であることはいうまでもあるまい。

ここに述べられている「極意・真理」の一端は、すでに合気道修業中の者であるならばたちどころに諭旨するところの意味が感得できるにちがいない。すなわちここには「入り身」「円転」「手刀」「当て身」などから「一対多数」の場合の心得にいたるまでの、合気道の動作の要諦が示唆されており、しかもいずれも究極は己れの「こころ」の心得、心がけ、心構えの問題にほかならないことが教示されているものと解されるのである。

次に周囲の者が筆録したところの講話から二、三、引用してみよう。

「相手の眼だけを見てはいかん、眼に己れの心を吸収されてしまうからじゃ。相手の剣だけを見てはいかん、剣に己れの気がとらえられてしまうからじゃ。相手だけを見てはいかん、相手の気に己れが吸収されてしまうからじゃ。真の武とは、ありのままの己れの全貌をもって相手の全貌を吸収してしまう引力の錬磨である。だからわしは、このまま立っとればいいんじゃ」

「機先を制する。『先々の先』だの『先』だの『後の先』だのの理屈にこだわることは、つまらんな。相手を意識している証拠だからじゃ。合気道では、相手はいるが、相手はいないのじゃ。相手は己れと一体になっておるのじゃから、自分が思うとおりに動けば、相手も思うとおりに動くものじゃ。自分が思うとおりの技をほどこせば、相手は自然にそのとおりに技をかけられてしまうのじゃ」

「指一本で人を動けなくすることは、誰でもできるはずじゃ。人の力というものは、人を中心として円を描くその円内のみが力のおよぶ範囲なのじゃ。いくら腕力のある者でも、この円の外には力がおよばず、無力となってしまうものじゃ。だから、相手をその力のおよばぬ円外において押さえるならば、相手はすでに無力ゆえ、人差し指でも小指でも容易に押さえることができるのじゃ。己れは己れの円内にいて、相手を相手の円外に出せば、それですべては決するのじゃ」
「呼吸とは、宇宙化しつつおこなわれるならば造化の主の御徳をえて、右に螺旋《らせん》しつつ舞い昇り、左に螺旋しつつ舞い降り、おのずから天地の間を螺旋循環するものじゃ。呼吸螺旋の理を悟ることが大事なのじゃ」

一見なんの変哲もない座談のことばにすぎないが、言うは易《やす》く行うは難《かた》し、この境地にまで到達することはおそらく至難のわざであろう。いずれにしても開祖の道歌・道言の示唆するところの「極意・真理」は、それに先立つ無限の質量を有する心身錬磨、求道の行の上に成り立っているものであることに、一般修業者は深くおもいをいたさなければなるまい。

ともあれ合気道における極意の問題は、とりわけ実技に即して具体的に解説教示することは容易でない。そこで次に、もっとも合気道ならではの極意的要素を多くふくんでいると思われる基礎技の一つ「四方投げ」を例にとり、写真図解をまじえながら、極意への過程における手がかりをざっと示唆してみたい。

なお合気道の場合、その動作の基本および応用には、剣の道における動作や理合いを勘案したところが少なからずあり、ことに「四方投げ」は剣の理合いを集約し体現したものとさえいえる理法ゆえ、剣の道とのかかわりをもふまえつつ解説をおこなっておきたい。

写真図解のページにおいて、剣、杖などを使用した事例を多くとりいれてみたことも、そのためである。剣、杖使用の実技についていては次節においても少しくふれることにする。

剣の理合いを体現した手刀と四方投げ

合気道と、日本刀の発達とともにかたちづくられてきたところの古来の剣の道とは、その動作の本質的な動きの筋、動きの作法、さらには動きの理合いにおいてきわめて深いかかわりがあるというべきである。

ただ、徒手（素手）をもってする合気道と武器（刀剣）をもってする剣の道とは、これを表面的に見れば、あるいは別種の武道であると解されても不思議ではないかもしれぬ。しかし表面的な型式にこだわることなく動作の本質を見極めるならば、両者の共通性や相似性、つまり類縁性は容易に理解されうるであろう（なお今日の「剣道」は防具や試合方式などの点で、古来の剣の道のありようとはいささか異質であるように思われる。以下に記述するところの合気道との比較の対象は剣道ではなく、剣道の祖型としての「剣」の道であることをあらかじめお断りしておく）。

ところで、一方において合気道は、世間一般からしばしば、より柔道に近い武道であると錯覚されているようである。

錯覚の理由のひとつは、両者がともに徒手の武道であるところからくる印象によるものと思われるが、ひとつにはおそらく、開祖が合気道を創始するに先立って古来の柔《やわら》の流れをくむ大東流柔術を習得し、その技法的要素のいくつかを合気道に応用したという歴史的事実を伝え聞いたところからくる錯覚であろう。そして事実、合気道における関節技や当て身、投げ技や固め技の中のある種の型は、たしかに古柔術ないし柔道の技法を原型としている。

だがそれはおおむね技型的な面での類縁であって、動作的な面から見ると両者にはかなり決定的な違いがある。たとえば合気道においては、柔道のようにまず互いに相手の袖や襟をもちあういわゆる「組み」はまったくおこなわない。また、互いに組みの体勢を有利にしながら攻撃の機をうかがういわゆる「作り」とか「掛け」の動作もおこなわない。押さえ込みや絞め技などを主体とする「寝技」も合気道にはないものである。

つまり合気道は、柔道の諸動作のそもそもの前提ともいうべき「組み」およびその応用技を合気道としてはいっさい認めておらず、常に互いに離れながら動作を展開するという基本点において、柔道とは大きく相違する武道であるといわなければなるまい。

これに反して剣の道における動作は、もとより同一というわけはありえないが、本質的には共通し相似するかたちで合気道の動作の中にも数多く見出すことができるのである。

たとえばそもそもの姿勢から体《たい》の構え、間合い、目付け、運足などの基本動作をはじめ各種の相対動作、応用動作にいたるまで、技法全般にわたってさまざまな共通点、類似点が指摘できよう。剣の道もまた「組み」およびその応用技をいっさい認めないところから出発する武道であると思う。したがって諸動作が合気道と本質的に類縁性をもつのは当然といえば当然である。そのことは柔道が「組み」に適したゆるやかな上衣・下衣・帯よりなる稽古着的な柔道衣を用い、いっぽう剣の道および合気道が「組み」には不適当であるが離れて動作するには動きやすく、かつ見た目にも節度あって快適な袴《はかま》すがたであること（剣道の防具類、あるいは合気道において初心者が袴をつけぬ稽古着で修業することは別として袴にのみ限れば）などにもあらわされているのではなかろうか。

ただし、いうまでもないことではあろうが、合気道の諸動作と剣の道の諸動作とをそのいちいちの具体的なあらわれの細部にわたって比較すれば、両者は同一ではない。たとえば「間合い」を例にとれば、剣の道においては、互いに正対して一歩踏みこめば直ちに相手を撃突し、また一歩退けば撃突を避けうる間隔をおいて互いの切尖《きっさき》をわずかに交叉させ触れ合わせるが、合気道においては、まず互いに半身《はんみ》（両者が同形で構える相半身と、両者が左右を逆に構える逆半身とがある）の姿勢で相対し、互いの間隔は、入り身一足後の円転展開を前提として手刀《てがたな》が触れあうことなくや離れるほどの間《ま》をあけるのである。そして剣の道の場合には上段・正眼・下段その他の剣の構え方によって多少の違いが生ずるとはいえ基本的にはいずれにせよまず切尖を合わせる間隔が保たれるのに対し、合気道の場合は、座り技・半立ち技・立ち技・一対多勢技および対武器技などの違いによって間隔はそれぞれある程度まで異なってくる。

そのように厳密にいうならば合気道と剣の道とには、まったく同一といえる動作はないのであるけれど、しかしすでに先述したごとく動作の本質的な動きの筋、動きの作法、および動きの理合いにおいては両者にはきわめて相通ずるところの類縁性があるものと解してさしつかえあるまい。

合気道と剣の道との類縁性はたまたまそうなったというほど単純な事柄ではない。じつは開祖が当初からかなり明確な目的意識をもって比較研鑽し、多くの時間をさいて勘案したあげくはっきりとした意向にしたがって剣の道の長所を採り入れたところから生じた類縁性である。

すなわち開祖は本来、古来の剣の道のありかたに大いなる共感をいだいていた人物であった。大東流柔術に接するまでの青年期、剣の道の習得につとめ励んだこともあった。そしてさらに合気道創始後においても、じつは好んで独り真剣や木刀を振り、剣の道を究明することにふけっていた一時(昭和十一年から十四、五年ごろ)は道場内に奇しき縁から剣道部ができ、有信館の中倉清氏をはじめ羽賀準一、中島五郎蔵氏らそうそうたる剣士たちが出入りしたこともあった。若年時の私につよくすすめて鹿島新当流を修業せしめたことなども、開祖の剣の道に対する深い愛着と高い評価のこころを示すものであろう。つまり開祖は合気道と剣の道との類縁を、みずからすすんで意欲的に、積極的に強めようとしたと考えられるのである。剣の道を合気道に活用することによって、合気道の理合いに一本筋金を通そうとはかったのであったかもしれぬ。

いずれにしても合気道の動きは、剣の理合いを体的に表現したものである、ともいえるかと思う。合気道が徒手(素手)の武道ではあるものの、その徒手はたんなる肉体の末端部分としての手ではなく「手刀《てがたな》」すなわち一触即撃の武器としての剣そのものに化しているとする考え方、ひいてはその「手刀」をいわば〝無形〟の剣として技の上に活用するときには全動作がおのずから剣の道の全動作とひとしくなるべきこと、したがって両者は動作の理合いにおいて当然一致するであろうことなども、前記の「合気道の動きは剣の理合いを体的に表現したものである」一例といえるのではないか。

そして合気道における投げ技の基本とされる「四方投げ」は、まさしくその代表的な典型であるということができよう。

「四方投げ」の動きについては別掲の写真図解を参照されたいが、その理法を簡単にいえば、左右いずれかの足を軸として四方、八方、十六方、さらにはその倍数と無限に刀を斬り分ける剣の道の刀操法（刀の操《あやつ》り方）から応用されたものであり、合気道基本の入り身・円転の動作を展開しつつ「手刀」をもって相手を四方、八方……へと自在に投げ分ける技法である。

その場合、技のありようは単一ではなく、その場その場の情況に応じて異なり、適宜適切にとりおこなわれる。たとえば相手が横面に打ちかかってきた場合には「横面打ち四方投げ」（表技、裏技）、相手に背後から両手首をつかまれた場合には「後ろ両手首取り四方投げ」（表技、裏技）、また相手が座っている自分に対して正面から後ろに回って両肩をとった場合には「半坐半立ち後ろ両肩取り四方投げ」となる、といったぐあいである。

「四方投げ」はこのように多様な型を示すけれど、しかしいずれの場合でも最後を決める技の要点は変わらない。すなわち前段において入り身・円転の理をさまざまに活用して相手の態勢をくずし、中段において相手を自分の動きの中に引き入れながら、最後には左手または右手、時によっては両手の「手刀」をもって振りかぶりざま相手を斬りおろすかたちで投げ倒すのである。

要するに「四方投げ」は「手刀」の斬れ味を存分に発揮する合気道ならではの投げ技であり、その際みずからの「手刀」が剣であるとの自覚をもつべきことはいうまでもないが、同時に相手の「手刀」も剣であることを自覚することがたいせつであり、つまり徒手とはいえじつは剣対剣の相対技にほかならず、それだけに「四方投げ」をおこなうにあたっては文字どおり真剣なる《気》の充実・集中が必要とされるわけである。呼吸力に発する《気》の流れが「手刀」をかりて十二分に発揮されることによってはじめて技の斬れ味があらわれるのであり、もし十二分に発揮されない場合は実際に相手は倒れないものである。

「四方投げ」が合気道における各種の投げ技の基点であり同時に到達点であるという人がいるのも、「四方投げ」の完成が合気道における技法極意の一あらわれであると称されたりするのも、結局は「四方投げ」がもっともよく剣の道の理合いを体現しているところの理法であるからである。いいかえれば「四方投げ」をきわめて重視する点こそ、合気道がいかに剣の道との類縁性を認め、それに親近感をいだいているかの証《あかし》であるといえるかもしれない。

ところで合気道は、あくまでも徒手の武道であるけれど、したがって基本技は徒手対徒手に徹するが、応用技においてはすすんで剣・杖《じょう》・棒・短刀などの武器を用いての技の習得につとめている。

たとえば徒手対武器の応用技としては、短刀をもって突いてきた相手を、背転しつつ態勢をくずさせて引き回しながら腕をひしいで短刀を奪う「短刀・正面突きひじきめ（腕ひしぎ）」をはじめ、剣（太刀）に相対する「太刀・正面斬り呼吸投げ」、杖に相対する「杖・正面突き返し投げ」などがある。また武器対武器の応用技としては剣を「手刀」のごとく自在に活用して相手の杖をさばき、相手を斬る各種の「杖・正面突き入り身斬り」がある。さらにみずからが杖を持ち、その杖に呼吸力の《気》をかよわせることによって自在に杖さばきをおこない、徒手の相手を思いのままに投げる「杖さばき」がある。これらのうちのいくつかは別掲写真によってそのありようを示しておいたが、合気道が応用技においてあえて武器を用いることの本意は要するに、先述した合気道と剣の道との類縁性を、先例とは反対に剣の道のがわに重点を置き換えて実証してみよう、ということにある。

先例においてはたとえば「手刀」が剣そのものにほかならぬとの自覚のありようを見てきたが、前記の武器使用の応用技とくに「杖さばき（四方投げ）」においては逆に、合気道の本質的動作を会得するならば武器は体《たい》の延長と化し、体の動きと一体化して自在に動作することのありようを見たわけである。

以上のごとく合気道は、その重要なる技法および理法において、古来の剣の道の到達したるところの理合いをすすんで摂取し活用していることは事実である。しかしまた、ただそのような観点からのみして両者の類縁性をうんぬんするだけでは、合気道が摂取・活用にあたって念願したところの本意の理解には事足らぬのではなかろうか。

実技面においては古来の柔術に土台をおきながら、理合いにおいてはより多くを剣の道に求めたその事実にこそ、開祖植芝盛平のまさしく天才的なる先見着眼の鋭さ、大きさが示されていることを、われわれはまずおもうべきであろう。本来は異質であり、また別種であるとして片づけられてしかるべき古柔術と剣の道を、ふたつながら同時に勘案しつつそれぞれの本質的長所を洞察し、さらにみずからの卓抜なる創意工夫を加えた結果、たんなる折衷などではないところのまったく新規の武道を創造しえた開祖の天才に、信念に、そして真摯なる使命感に、われわれは改めて深くおもいをいたさなければならないと思う。

開祖が合気道創始を志すにあたってまず心に定めたのは、おそらく日本固有の伝統的武道の灯を絶やしてはならぬとの切実なる武道へのいわば忠誠心であり、そのためには伝統的諸武道の外形的な差異にはこだわらず、それぞれの内包する本質的長所をいかしながら総合・調和的に、新時代に適合した新武道を創造したいとの使命感であり、その実行への誓いであったにちがいない。

そしてその誓いの実行にあたって、生来つよい精神性とひたむきな求道性の持ち主であった開祖の到達した結論が、日本古来の諸武道の伝統的武道精神を抽出し、それを基盤として諸武道の本質的長所を総合・調和させようとの考えであったことは当然である。

日本固有の伝統の上に立つ「武の心」をもって「合気道のこころ」とすること。合気道はかくて創始の第一歩を踏み出したのであった。

四方投げ

気と理を和した合気道技法の典型四方投げ

四方投げ単独徒手

四方投げは合気道技法における体と剣の理合いをあらわした典型的なもの。気息を充実させ、手刀を活用させることが肝要である。

❶右手刀、左足作動　❷手刀は体の延長である　❸両手刀で振りかぶる　❹振りかぶりつつ右に後転　❺正面を真後ろに換え　❻腰を落としつつ　❼斬りおろし　❽相手を倒す。

❶

❷

❸

❹

❺

❻

❼

❽

四方投げ相対基本技法

摑みにきた相手の腕を剣になぞらえ、手刀の妙用によって相手の態勢を崩しながら、手刀を振りかぶり斬りおろすことが肝要。

❶半身自然体にて相手と対す　❷❸相手に右手首を摑ませつつ手刀で相手を導き　❹左手にて相手の右手首を摑み　❺両手を振りかぶりつつ　❻左に後転し　❼❽正面を真後ろに換えるとともに　❾左足を一歩前に出し　❿正面に斬りおろし　⓫⓬相手を制し、倒す。

5

6

7

8

9

10

11

12

剣を用いて四方投げの原理を示す

前掲の四方投げ単独および相対動作を、剣を持って相手を導きつつおこなう動作によって示せば、その理合いはよりはっきりする。

❶相手と正対す　❷相手に両手首を持たす　❸左に後転し、相手を導く　❹相手の右手首を右手にて摑み　❺左手で持った剣を体の延長として　❻剣を振りかぶり右に後転　❼斬りおろし　❽相手を倒す。

❶

❷

❸

❹

❺

❻

❼

❽

杖を用いて四方投げの原理を示す

合気道においては体の動きが確かならば、何を用いてもりっぱにこなすことができる。杖を用いての四方投げも原理は一つである。

❶相手に杖の先端を持たすや　❷杖を剣のごとく振りかぶりながら　❸右足中心に右に後転　❹相手の態勢を崩しながら　❺杖を振りおろし　❻相手を倒す。

❶

❷

❸

❹

❺

❻

二人掛けにて四方投げの原理を示す

両手刀を通じて全身の呼吸力をじゅうぶんに出しながら、相手をさばく。二人が三人になろうと、一人の相手として動くことが大切。

❶両側面より両手首を持たれるや　❷両手刀を通じ、呼吸力を出しながら　❸右手刀を振りかぶり左手刀を下に体と即応させ　❹右足中心に後転し　❺二人を揃え、側面より　❻相手を倒す。

❶

❷

❸

❺

❹

❻

四方斬りの要領

合気の体の動きを剣で表現してみた。たえず軸足を移動させながら四方八方十六方にと同じ原理で斬り分けることが要諦である。

❶剣を正眼に構える　❷前に作動　❸振りかぶりながら右足中心　❹右に後転　❺真後ろへ振りかぶり　❻斬りおろす　❼さらに振りかぶりつつ右足軸にして左に後転　❽大きく振りかぶり　❾右足を軸に左足を後転させ　❿袈裟（けさ）に斬りおろし、正眼にもどる　⓫左足を一歩前進。

❶

❷

❸

❹

❺

❻

❼

❽

❾

❿

⓫

12

13

14

15

16

17

18

19

20

四方斬りの要領を剣を用いて示してみたが、これは合気道素振りの原理でもある。四方斬りは軸足の安定が第一である。

⓬左より小手、面をかばいながら右に後転　⓭大きく振りかぶり　⓮斬りおろす　⓯正面の構えより　⓰⓱大きく振りかぶり　⓲大きく左に後転　⓳斬りおろす　⓴さらに左足を一歩前に出しながら振りかぶり
㉑右に後転　㉒気息を整えつつ　㉓斬りおろし　㉔正眼にもどる

㉑

㉒

㉓

㉔

手刀
（てがたな）

合気道技法においては，両の徒手は剣そのものである。
呼吸力とともに《気》が流れ，発して剣と化すのである。

第五章

自然に生きることの強さ

◉

晴雨寒暑、時々刻々大自然の相のままに
己れの呼吸《いき》を合わせて生きる自然体。
稽古は常に
「愉快」におこなうことをもってよしとする
合気道の自然体。

一般稽古、暑中稽古、寒稽古の愉しみ

合気道は創始時から、稽古にあたっては、あまり規則づくめで修業者を束縛《そくばく》することを好まぬ風があった。

自発的に道場に通ってくる以上その修業者には、いわゆる〝やる気〟があるにちがいない、稽古をとおしてこの道に何かを求めようとする行《ぎょう》の意欲があるにちがいない、とすれば道場での稽古の心得は要するに修業者各人の自覚に待てばよいではないか。そんなふうな考え方が合気道には当初のころからあった。来《きた》る者は拒《こば》まず、去る者は追わず、自発的にみずからすすんで道場に通う間はべつに規則などは必要ないし、道場にこなくなった者はすでにこの道とは縁がなくなったのであるからもはや規則を必要としない。といった、いわば修業者の気持ちまかせの〝自然流〟ともいうべき考えから、あまり規則を設けることを好まないできた。

この〝自然流〟は、そもそも開祖が、当時の心ある各界知名の士から慫慂《しょうよう》されて道場をひらくにいたった折、参集した修業者のほとんどがすでに社会の第一線で活躍中の人士であり、良識豊富なる人生経験をつんできた社会人であったことにも由来するものであろう。当時参集した修業者の顔ぶれがいかにそうそうたるものであったかは、拙著『合気道開祖　植芝盛平伝』に記載してあるゆえここでは略するが、要するに修業者自身がいずれも社会各層・各分野における指導者《リーダー》

であったのであるから、稽古にあたって今さら規則などを設ける必要はさらさらなかったのであった。ただし、その代わり、入門希望者はきわめて厳選され、容易なことでは開祖から入門を許されなかった。たとえどのような各界の実力者からの紹介であっても、その人物に会って開祖が「よし」と認めないかぎり入門は許されず、それだけに入門後の修業も厳しいものがつきまとった。つまりある意味では、規則で縛るよりもはるかに厳しい修業条件が課せられていたともいえるであろう。

しかしその後、合気道への入門希望者がしだいにその数を増すにつれ、やはりいちおうの道場規則のごときものが必要なのではないかとの要望の声があがった。そこで主だった門下生が開祖に相談をしたところ「そのような時代になったかのう」と破顔一笑、その場でさらさらと書いてくれたのが次のような「合気道練習上の心得」であった。

一、合気道は一撃克《よ》く死命を制するものなるを以て練習に際しては指導者の教示を守り徒《いたずら》に力を競ふべからず。

二、合気道は一を以て万に当るの道なれば常に前方のみならず四方八方に対せる心掛けを以て練磨するを要す。

三、練習は常に愉快に実施するを要す。

四、指導者の教導は僅かに其の一端を教ふるに過ぎず、之が活用の妙は自己の不断の練習に依り始めて体得し得るものとす。
五、日々の練習に際しては先ず体の変化より始め逐次《ちくじ》強度を高め身体に無理を生ぜしめざるを要す。然《しか》る時は如何なる老人と雖《いえど》も身体に故障を生ずる事なく愉快に練習を続け鍛錬の目的を達する事を得べし。
六、合気道は心身を鍛錬し至誠の人を作るを目的とし、又技は悉《ことごと》く秘伝なるを以て徒《いたずら》に他人に公開し或は市井無頼の徒の悪用を避くべし。
以上

戦前、それも昭和十年を過ぎて間もないという時期に書かれたものゆえ、表現や内容にやや古風難解なる点があるかとも思われるが、大意は現代の若者たちにもほぼつかむことができよう。すなわち一は、自分勝手な稽古をおこなわず己れを無にして指導者の教えを守らなければ、正しい合気道は身につかないこと。二は、日ごろから四方八方に気を配って隙《すき》がないよう心身を充実させることが、武道としての合気道の稽古には欠かせないとの心得。三は、厳しい稽古の苦しさを苦痛と感じないようになるまで修業すれば、稽古することが愉快になるという心得。四は、道場で手ほどきされた基本で事足れりと満足せず、絶えず自分自身で工夫しながら教えられたことを咀嚼《そしゃく》し自分のものにしなければならぬ、との心得。五は、稽古にあたっては絶対に無理をせず、自分の体力や体調に応じた年齢相当の稽古をすることが永続きする秘訣であるという心得。六は、合気道は自分みずからの人間性向上をはかることが主目的であるべきであり、技能を他に誇るようなことは絶対に慎むべきであるとする心得。簡単にいえば、ざっと以上のようなことを修業者にうながしたものと見てさしつかえあるまい。

この「合気道練習上の心得」は、現在でも本部道場のかくれた内規となっているが、修業者の多くがとくに「これはいい」と膝をたたいて喜ぶ項目は、じつは三の「練習は常に愉快に実施するを要す」である。「愉快」ということばのひびきが文字どおり愉快におもわれるのであろう、この項目を見て愉快そうに頬笑《ほほえ》まない者はいないのである。

かくいう私も、この「愉快」には大いに賛同するものである。武道というと、えてして何か肩を怒らせ肘《ひじ》を張る悲壮感を連想させられがちであろうが、それはまだ修業者当人が本当の武道の心得も自信もなく、その心得のなさや自信のなさを押し隠そうとしていたずらに虚勢をはっている姿にすぎない。真に武道の心得のある者はむしろ肩肘の無駄な力が抜けて外見は優姿《やさすがた》に見えるものであり、真に自信がある者はゆうゆうとして常に「愉快」な気分を面《おもて》にあらわすものである。いわゆる外柔内剛、日ごろは地味で謙虚であり、起居振舞もごく自然で無理がない。つまり、ありのままの自分をありのままに見せながら、自然に生きれる者こそ真の武道の修業者といえるのではなかろうか。

「愉快」ということの意味あいをそのように理解して、私は道場においても常に修業者に「愉快に稽古しようではないか」と語りかけるのである。

道場で日々接する修業者は、長年にわたってはたしてどれくらいの数に達しているか、ちょっと見当がつかない。本部道場においてだけでもすでに十万人に達しているであろうし、国内国外の支部道場その他への出修の際接した修業者を加えれば、たぶん数十万の修業者と私は接してきているはずである。そしてその修業者のほとんどすべてが、きわめて真摯に、きわめて意欲的に稽古に励んでいることは嬉しいかぎりである。ただその中で、心から「愉快」に稽古を楽しむ境地に達している者は、となると、かならずしも全部が全部そうであるとは断言できない気もするのである。中にはまだ悲壮な感じで、あるいは腕力をむきだしに強がる感じで、あるいはいかにも自信なげな不安な感じで稽古している修業者もけっして少なくはないような気がするのである。

そうした中にあって、常に「愉快」を楽しんでいる風情《ふぜい》の修業者たちがいる。その多くは、すでに五年、十年、あるいはそれ以上の長年にわたって地道にマイペースの修業を続けているいわば「合気道を日常的に我がものと化してしまった」ような人たちである。「合気道に心底《しんそこ》からとり憑《つ》かれてしまった」人たちといってよいかもしれぬ。そのような修業者は淡々として道場にあらわれ、ひとしきり楽しそうに投げたり投げられたりで汗を流し、淡々として帰ってゆく。私はこのような、別段ことさら段位などを欲《ほ》しがらず淡々として「自《みずか》らを愉しむ」修業者たちを、心から親愛するものである。

それと、一般稽古、暑中稽古、寒稽古などの常連もまたすべて合気道を「愉快」に楽しんでいる修業者であるといえるであろう。

一般稽古のなかでも一年をつうじてほとんど毎日、早朝六時半からおこなわれる「朝稽古」は、秋から冬にかけてはまだ真っ暗な闇の中で始められる。冬などは、東京であっても氷点下の凍えるような早朝の寒気である。にもかかわらず一年をつうじて常に百人から二百人近い常連が「朝稽古」に駆けつけてくる。

聞いてみると、本部道場の所在地である新宿区の住人などはひじょうに少ない。大半は電車で一時間あまり、車でも三、四十分はかかるあたりからやってくる。中には埼玉県とか千葉県、茨城県あたりから二時間余の時間をかけてくる者もいる。最近の若い修業者の中にはさっそうとオートバイにまたがって駆けつける現代っ子もいる一方、トレーニングをかねて徒歩一、二時間の道をジョギングしながらくる者もいる。そしてみな、一時間ほど稽古を愉しみ、「じゃ、また」とあいさつをかわして帰り、それから身仕度をととのえて職場や学校に通勤通学する。

「朝稽古」歴十数年を超える年配の修業者も多く、いずれも今や会社経営者や重役として多忙な激務に追われているはずであるにもかかわらず「ゴルフは欠かしても合気道の朝稽古だけは欠かせません、一日の日課の始まりですからな」などといって駆けつけるのである。一日も休まぬ皆勤者も少なくない。

「暑中稽古」や「寒稽古」にもまた常連が多い。真夏の暑い盛りに汗を噴き出させながら稽古に励む者、手足が寒さでちぢこまり稽古するまでに丹念に準備体操をおこなわなければ動作に移れないような極寒中に、白い息を吐きながら稽古に励む者。こうした「暑中稽古」や「寒稽古」の修業者たちは、むしろ暑ければ暑いほど、寒ければ寒いほどかえって喜び勇んで稽古するような印象をうける。

数年前の夏、私は『合気道新聞』の「道言」欄に、ざっと次のような意味をふくめた一文を書いたことがあった。

「本年の暑さは誠にきびしい。それだけに暑中稽古参加者も例年より二割程度多かったようだ。と言うのは、本部道場には激しい個性の持ち主が多いからなのであろうか。

真冬の早朝稽古でも、大雪のため交通機関がすべて麻痺した時、朝三時起きをして歩いて来たという何人かを含めて時間までにはけっこういつもと同じぐらいが集まり、さまになった稽古が始まるから不思議である。中には、ふだんはさぼることもあるのに、こうした厳しい時を狙って必ず顔を見せる人もいる。ここまでくれば、いささか臍《へそ》曲《ま》がりと言われて致し方あるまい。

暑さを体験して稽古らしい稽古が出来ると喜ぶ人。寒さを体験して稽古らしい稽古が出来たと満足気な人。理屈からいえば暑い時には涼しく、寒い時には暖かくしたいというのが人情であるかもしれないが、彼らは逆に、暑いからこそその暑さをまともに体験したい、寒いからこそその寒さをまともに体験したいというのである。それが人間にとって、自然というものを肌で知る一番手っとり早い方法であるから、というのだ。たとえ臍曲がりであろうとも、私はそのような自然の寒暑に忠実でありたいとする考え方の持ち主に共感をおぼえるのである。

稽古とは『稽レ古』すなわち『古（いにしえ）を稽（かんが）える』ことであるかと思われるが、すでに日本でも『古事記』の序文にその文字が見える。中国の後漢書にある恒栄伝中の〝稽古之力可不勉哉〟と出ているのが最古の用法だとも聞く。いずれにしても、要するに、古来のよき伝統を尊重してそれを学び（学びは真似《まね》びから始まる）、心に深く稽《かんが》える求道的な修業を意味するのであろう。

禅から茶道、生け花にいたるまでいわゆる稽古事が日本で盛んなのは、日本人が本来、日本の古来のよき伝統を尊重する心をいだいている証拠である。そしてそれは理屈ぬきの心であり、情であるからこそ意味深いのだ。理屈が先になれば、暑中稽古にしても、この暑いさなかに何の暑中稽古かということになり、結局は稽古することなく過ぎ、終わるだけの話である。つまり理が先に立つかぎり、稽古も修業も成りたたぬことになる。

合理主義に徹すれば快適な生活が出来るとか言われ、今夏もクーラーの売上げが急増しているという。しかし、クーラーのはき出す熱量で東京都の温度が二、三度上昇し、寝苦しい熱帯夜が続いていることも見逃せまい。またクーラーの室温と外気の温度差がありすぎて、体に変調をきたす〝クーラー病〟が増えているとも聞く。合理的にものを解決しようとして、解決しなければならぬ問題をかえって惹起《じゃっき》しているのが現代人かもしれぬ。

合理的な追求ももちろん大切であるが、裸になって大自然の流れに没入し、心身を大自然の流れにまかせることもまた人間にとっては大切なのではなかろうか。朝稽古も暑中稽古も寒稽古も、その意義はじつはそのあたりにあるように思われる。古来のよき伝統をくむ武道を無心で稽古するということは、じつはとりもなおさず大自然の流れに没入することにほかならないのではあるまいか」

要するに私がここで訴えたかったことは、人間がその本来の「自然体」を回復することが今こそ必要なのではないかということであった。晴雨寒暑、晴れた日もあれば雨の降りやまぬ日もある、寒いときもあれば暑いときもある、そうした自然の時々刻々の変化の相とともにわれわれ人間は生きているのであり、晴雨寒暑の変化があるからこそ人間は喜怒哀楽の心情をその相に託して生きていけるのではないか。その晴雨寒暑に対して人間が、あまりにも無理をして抵抗するならば、結局は晴雨寒暑の妙味のわからぬ人間となり、ひいては喜怒哀楽の心情にもうとい人間になってしまうのではないか。そのようないわば人間感情喪失者にならないためにも、われわれは大自然というものの変化の相を素直に感受し、みずからの、人間に本来備わっているべきところの「自然体」を回復する必要がある、というのが私の考え方の主旨であった。

ともあれ合気道修業者の多くと接していて私が安心するのは、修業者の中に私のいう意味での「自然体」を重視し、合気道をつうじてみずからの「自然体」の回復をねがっている者の多いことである。

「愉快」に励みつつおのずからなる人間「自然体」の回復をはかること、それは合気道創始以来の稽古に対する基本姿勢にほかならないがゆえに、私は安心するのである。

陰陽相対の理をふくむ大自然の絶対性

「合気道には形もなければ様式もない。自然の動き、これこそ合気道の動きである。その奥は深遠にして極《きわま》りなし」

開祖は生前しばしばこのような言を、周囲の修業者たちにいいきかせていた。ことに修業者があまりにも型を意識しすぎて固いぎごちない動きを示すような場合にである。

開祖のこの言は要点のみをいわば禅の公案問答のごとくに発した開祖独特の直截《ちょくさい》簡明な表現ゆえ、あるいは一般修業者にはその真意がよくつかめないかもしれぬ。とくにまだ入門して日も浅く、複雑多岐にわたる合気道の各種の動作や技の型を習得することに汲々《きゅうきゅう》たる初心者でもあれば、きょとんとするばかりかもしれない。「合気道には形もなければ様式もない」とすれば、いま自分が習得しようとしている動作や技の型は何なのか？ 「形もない様式もない」ところの「自然の動き」とはどういうことなのか？ 自分流儀で好き勝手に動いてもよいのか？ まかりまちがえばそのように稚拙な疑問をいだいて悩む初心者もあらわれないとはかぎるまい。

開祖の言はもちろん、そのような意味ではない。もともとこの言は、ある段階に達してなお型にこだわって、合気道ならではの流れるような自然な動きをおこなうにいたっていない者への訓《おし》えであり、自然な動きに達するまでなお一層の修業をつむべきことを諭《さと》したことばである。「型に入りて型を出でよ」とは古来よく聞かれるところの武道あるいは芸道の訓えであるが、そのような意味も当然ふくまれていよう。型に入る以前の初心者がかりにとまどったとしても無理はないのである。

開祖のこの言の深い含蓄《がんちく》は、あるいは、長年にわたって真摯に求道の行をかさね、同時に合気道ならではの動作や技の理合いを知り、さらに合気道の深遠なる哲理をも直覚しえた修業者にしてようやく納得されうるものなのかもしれぬ。すなわち本書において少しくふれてきたところのたとえば「宇宙の《気》と我《われ》の《気》との調和し即応するところの一体化」、あるいは「気・心・体一如の入り身・円転の理法」や「剣の理合いの体現の理法」その他の理を、日ごろの心身錬磨の稽古修業をつうじてよく感得・体得しえた者でなければ正しくは理解しえないかもしれない。

この言でとくに把握しにくいと思われるのは「自然の動き」ということであろう。そのことば自体はあまりにも平明であり、おそらく誰しもいちおうは、たとえ漠然とではあるにせよ解った気になるに違いない。「自然に振《ふ》る舞《ま》え」とか「自然に生きよ」といったことばが、ある意味ではきわめて安直に日常的に用いられているからでもあろう。だが実際に「自然に……」振る舞って生きている人物など、その発言者をもふくめて果たして存在するものなのかどうか。「自然の動き」の難しさは、考えれば考えるほど難しいと痛感せざるをえないのである。

では開祖のいうところの「自然の動き」、さらには「自然の動き、これこそ合気道の動きである」ことを、われわれ修業者はいったいどのようにして考え、解明の手がかりをどこに、どのような態度をもって求めればよいのであろうか。

答えをやや結論的にいうならば、それはまず、この宇宙に生起する自然現象、われわれの心身われわれの生命に何ものかをもたらし、何らかの影響をおよぼすところの自然現象を、とにかく直接《じか》に、しかと見定めよということであろう。

何はともあれわれわれは、この大いなる宇宙に時々刻々さまざまなかたちで生起する天象・気象・地象その他の自然現象にできるだけ多く直接《じか》に肌でふれ、できるかぎり素直にその現象のありようを感受し、できるだけ深くその現象と自分とのかかわりを心で受けとめること。それを観念ではなく、みずからの五体と五感とをすすんで実際に自然現象の前にさらけだしてみること。自然現象にことさら無理に挑むのでもなく、自然現象から身を避けるのでもなく、自然現象を利用しようとばかり策するのでもなく、とにかく自然現象を自然現象として凝視しその実相に観入すること。そのような態度をとることがまず第一番にたいせつなことなのではないか、と思うのである。

たとえば前節において、暑中稽古や寒稽古に熱心な合気道修業者のほとんどが、暑ければ暑いほど、寒ければ寒いほど稽古が「愉快」であるという態度こそ、前述した意味での自然現象と直接《じか》に触れる行為の一つにほかなるまい。身をもって晴雨寒暑の別を知り、また晴雨寒暑の別を認め、それが自分の心身にとってどのような影響があり、またそれに対して自分の心身がどのように反応するものか、そうしたことを稽古修業の実践の間に感得・体得することこそ、おのずからその修業者の動きが「自然の動き」と化する第一歩であるように思われるのである。

われわれは、たとえば快晴の日には心がはればれとして体も弾み、雨天の日には何か心が沈み体の動きも鈍くなる気がしがちである。曇りの日には心身ともに何となく不安になり、風が吹けば微風のときは快く、台風のときは苛立ったりする。ごく日常的な天候ひとつとってみても、自然現象と人間の心身との関係の大きさは理解できる。まして春夏秋冬、季節の移《うつ》ろいは、寒暑涼暖などの温度感ばかりでなく、周囲の動植物の微妙な生命の変化（たとえば植物が芽ぶき、花開き、葉を着け、果を実らせ、落葉する）をとおして人間に微妙な生命のありようを実感させるにちがいない。潮汐の干満が魚介類の生命を左右するばかりでなく、人間の生命をも潜勢力的に左右するものであるらしいことは知られている。いわゆる天変地異（地震、噴火など）が地球の生命の変化の予徴であることも、すでに科学的実証によってわれわれの周知の事柄である。第一章で少しく見たように、広大なる宇宙空間においても惑星の生起・消滅など生命の変化がおこなわれているのである。

このように大自然の諸現象をみつめ、それらがことごとく人間の生命とかかわっていることを明確に認識することが、ひるがえってわれわれに自己の生命を直覚させ、自覚させることにつながるのではないか。そして己れの生命を直覚し自覚することから改めて、われわれは宇宙・大自然とともに生き、しかも人間としての己れの主体性を保ちつつ宇宙・大自然と一体化する自然哲理を悟るのであり、悟ることによっておのずから「自然の動き」を示現するにいたるのである。

「自然の動き」とはざっと以上のように解されるのであるが、合気道においてはこのことを先述したごとき《気》の原理に基づく諸理法によって、武道として具現化する。したがって開祖の言のごとく「自然の動き、これこそ合気道の動き」となるわけである。

たとえば、第一章において略述したところの「呼吸力」は、この「自然の動き」の源泉であるといってもさしつかえない。「呼吸力」がおのずから発せられ流れ出る時、その者の動きは意識せずして「自然の動き」と化してくるからである。逆にいえば「呼吸力」がじゅうぶんに発せられずその流れがとどこおる時、その者の動きもとどこおり、ぎごちなく文字どおり不自然なものとならざるをえないのである。

「呼吸力」の呼吸とは、スースーハーハーと息を吸ったり吐いたりするいわゆる呼吸《いき》をふくみはするが、ただそれだけではなくて、それを超えたところのつまり《気》の属性としての呼吸である。

いわゆる息、人間の呼吸とは、生理的にいえば心臓・肺臓を中心とする呼吸循環器系の作用のあらわれであり、鼻孔や口あるいは全身の皮膚などによっておこなわれる。しかしその呼吸循環器系をそもそも機能せしめているのは生命自体であり、その生命は第一章でみたごとく宇宙の産物にほかならず、したがって先に例を挙げた大自然の昼夜・四季・潮汐干満その他の諸現象と深くかかわっている。その宇宙・大自然の潜勢力的なエネルギーと直接間接にかかわりながら、つまり「宇宙の《気》と一体化」しながら発せられるものが「呼吸力」にほかならないのである。

この「呼吸力」の実際の発し方、流れ出でさせる「気・心・体」のありようについては、別掲の写真構成をご覧いただきたい。

合気道における「自然の動き」の代表は「入り身・円転」の諸動作であるが、第二章でやや詳しく記述したゆえここでは省略する。

その他、要するに合気道の動きは、一見それと一般の者が気づかないような動作のはしばしにいたるまでの「自然の動き」からなっているのである。たとえばいわゆる関節技と称せられるところの「小手回し技」「小手返し投げ」などにしても、関節を柔道その他柔術系統にみられるいわゆる〝逆〟にとるのではなく、関節の曲がりやすい方向へとじょじょに曲げるようにする。〝逆〟にとることは不自然な無理があり、危険でもあることから、合気道においては絶対に〝逆〟をとらず、関節を「自然の動き」にしたがって曲がりやすい方向へと曲げるやり方に、合気道の「自然の動き」のありようが示されているのである。

合気道においては、大半の技に「表技」と「裏技」が用意されている。そのいちいちは、前提となる各種の技とのかかわりあいによって異なるゆえ、一概にこうとは説明できないが、要するにたとえば「正面打ち入り身投げ」という同じ技において、正面に入り身ではいる動きが「表技」であり、背転して後ろにさばく動きが「裏技」である。つまり正面が「表」、後ろが「裏」であると解してもさしつかえあるまい。

この「表・裏」の技は、そもそもは東洋思想の要《かなめ》ともいうべき「陰陽」の理に基づいて古来の諸武道の多くがとりいれてきたものであり、合気道の場合も原理的にはやはり「陰陽」の理に立っている。

古来の諸武道においては「陰陽」の理とそれぞれの技法とをどのように理合いさせたか、次に参考までに古柔術と古剣法とから一例ずつを紹介しておいてみよう。まずもっともこの理を自流の理法としたところの古柔術「起倒流《きとう》」では、次のように「陰陽」を規定する。

「起倒はおきたふると訓ず。起は陽の形、倒は陰の形也。陽にして勝ち、陰にして勝つ」

これを『起倒流伝書註釈』では次のように説明する。

「敵の陰なるには陽を以て勝ち、敵の陽なるには陰を以て勝つなり。当流の業《わざ》、陰陽の二つに限る。他に数々の手段を設け敵の模様に応ずる事有りと雖《いえど》も、勝負の時に臨んで紛《まぎ》らわし。ただ陰陽二つに限るを以て勝利必定なり」

つまり相手方の「陰」に対しては「陽」の技を用い、相手方の「陽」に対しては「陰」の技を用いて攻防の駆け引きをおこない、相手を制しようとのいわゆる兵法的な理法である。「陰・陽」の相対性を、もっぱら敵対する相手方の「陰・陽」との相対関係において策略するものとでもいえようか。

いっぽう古剣法の場合は、たとえば『一刀流聞書』（中西忠兵衛子正《たねまさ》の言を高野苗正《みつまさ》が聞き書きしたもの）にあるように、剣の構えにあてはめて「陰陽」の理を考えようとしたものが多いようである。すなわち、

「長沼直心影流は陽中の陽をもって上段に遣《つか》う事を教え候由。一刀流は陰をもって下段にて遣う事を教え候。陽中の陽は発しぬれば陰に落つ。流儀の陰中の陰は発すれば陽に相成り働きも出来候。無念流は陽と陰との中を取り、正眼の太刀を少しひずみて構え候由」

このように古来の武道はそれぞれやや異なった「陰陽」の解釈をおこなっているが、本来の東洋思想においては、より宇宙観的な哲理として扱われている。そのもっとも典型的な発想は第一章に記述したごとく老荘をはじめとする古代中国思想家たちの説であるが、次にそれらを集約したものとして『易経』の有名な「三才の説」を挙げておく。

「昔、聖人の易を作るや、将《まさ》に以て性命の理に順《したが》わむとす。是を以て天の道を立つ、曰く陰と陽と。地の道を立つ、曰く柔と剛と。人の道を立つ、曰く仁と義と。三才を兼ねて之《これ》を両にす。故に易は大画にして卦を成す」

つまり宇宙万有の生命体の運命は「天」「地」「人」三才（三元）によってつかさどられ、それが「道」（実践の「行《ぎょう》」の基準ともなり指標ともなるところの一筋の条理《すじみち》とでもいうか）として示される時にはそ

れぞれ「陰・陽」「柔・剛」「仁・義」という相対的な原理を軸とするはたらきの上に展開される、といったほどの考え方であるかと思われる。いいかえれば宇宙万有の生命体の運命は「陰・陽」などの相対的はたらきとしてあらわれるものであり、その相対的はたらきをふまえつつなお「道」を求めて（つまり求道）実践の「行」をおこなっていけば、相対的はたらきはいつしか矛盾的同一化され、究極においては絶対の真理に達する「道」自体となる、というわけである。

要するに東洋思想における「陰・陽」の理とは、それ自体の相対的はたらきにも意味があると同時に、究極は「行」によって「道」を得て絶対の「真理」に達するという点に、哲理としてまた倫理としての（つまり思想としての）大いなる意味があったのだというべきではあるまいか。

合気道においては「陰陽」の理は、技法面では「表・裏」の技として応用されているわけであるが、より根本的には前記のごとき「行」「道」「真理」への前提条件として考えている。そしてそれは三才説でいうところの「天の道」に属するがゆえに、とりもなおさず「自然の動き」を示すと考えるのである。

❶

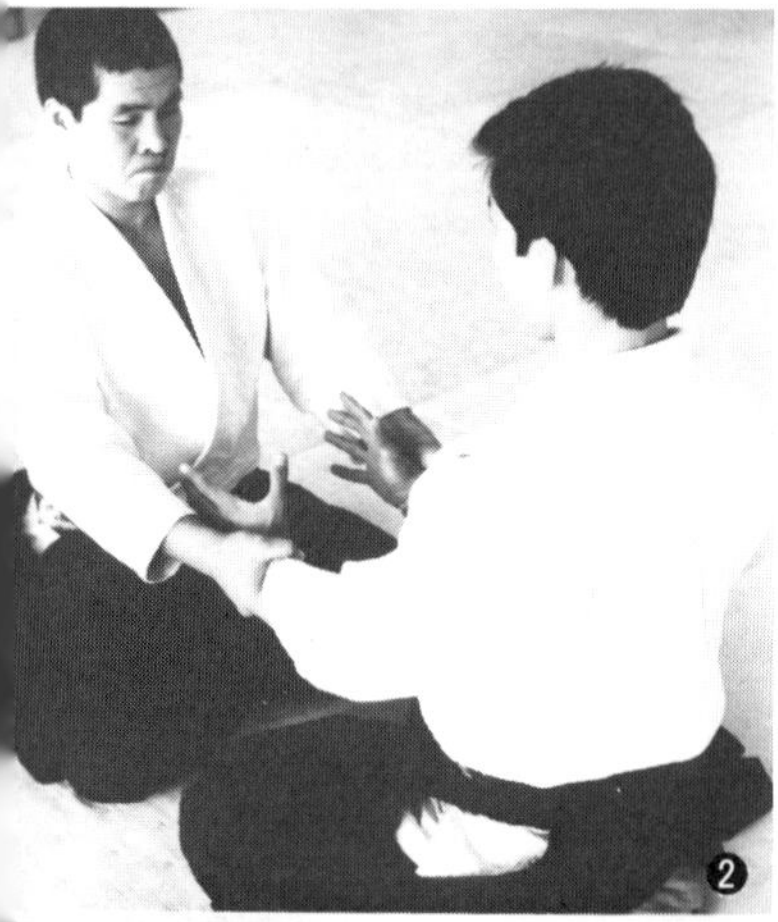

❷

❸

呼吸力発揮

呼吸力養成法―座法

呼吸力は合気道技法の生命である。《気》の活動は呼吸力の養成・発揮によって得られる。ことに座法養成は重要である。

❶相互に正対して正座 ❷相手が両手首を摑みにかかるやいなや ❸両手を手刀状にして、呼吸力を出し ❹相手両肩の方向へ両手刀を内螺《ら》旋《せん》に突きあげる ❺左前方に相手を圧し ❻倒すとともに ❼姿勢をととのえて、両手刀で相手を抑える。呼吸力ならではの内に充実した気迫を見よ！

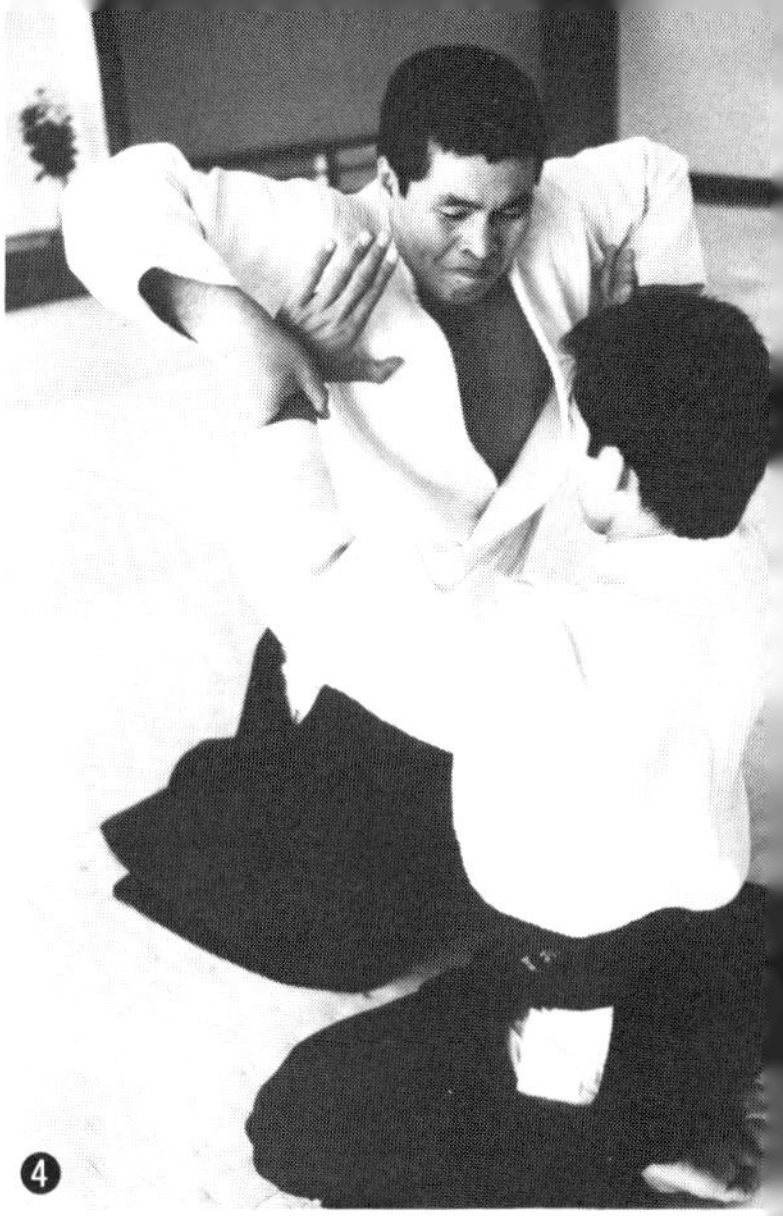

❹

❺

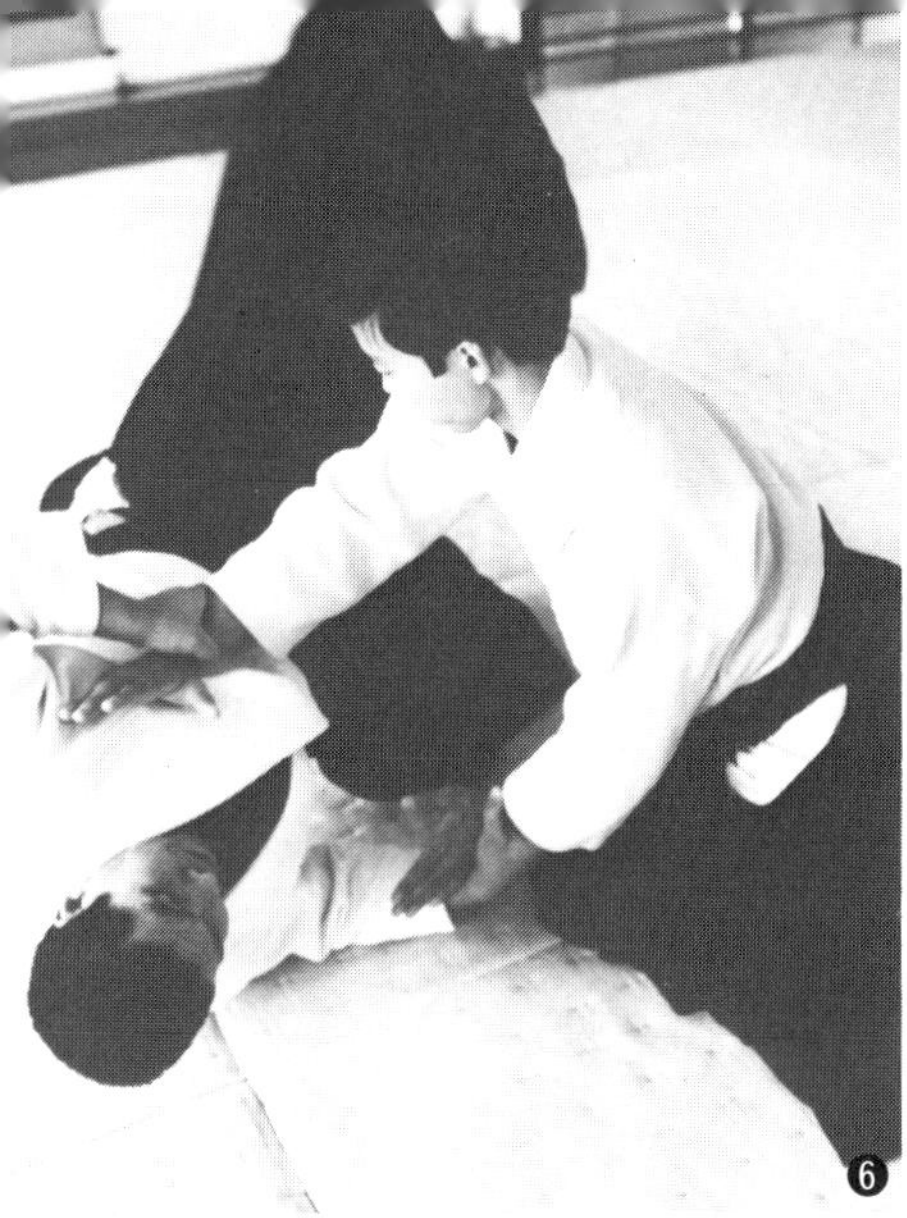

❻

❼

呼吸力養成法—立法

前掲の座法とともに呼吸力養成法の基本。相手がいかに動こうとも、充溢かつ盤石の呼吸力発揮をもって対することが望まれる。

❶側面より作動する相手に対し　❷右手首を摑《と》られるや　❸右手を手刀状にしながら❹相手の態勢を側面より崩しつつ　❺呼吸力をじゅうぶんに発揮して右手刀を振りかぶり　❻相手を右後側面に圧迫し　❼両手刀を斬りおろし　❽相手を倒す。

❶

❷

❸

6

7

4

8

5

❶

❷

呼吸投げ—呼吸力統一発揮

呼吸投げは、まさしく合気道技法の真髄である。気・心・体が完全に一つになってこそはじめて、その真の動きが発揮される。

❶相手と対する時すでに心気充実　❷相手が両手にて両腕を摑み押し倒さんとしくるを、落ち着いて　❸臍下丹田に統一されたる気力を出しながら両腕を内に返し、一歩前に出る　❹さらに両腕を通じて呼吸力を出しながら　❺相手を圧しつつその態勢を崩し　❻一ッ気一瞬にして倒し　❼制する。

5

3

6

4

7

陰陽の原理

陰陽一徒手での在り方（呼吸投げ）

「陰・陽」同時展開の理は合気道技法全般にわたって通じる相対性原理。陽に導いて陰で極めるその技の効果は劇的ですらある。

❶左手首を摑ませつつ、右手（陰）で当て身し ❷同時に左手（陽）にて呼吸力を発しながら ❸相手の態勢を崩して倒す。

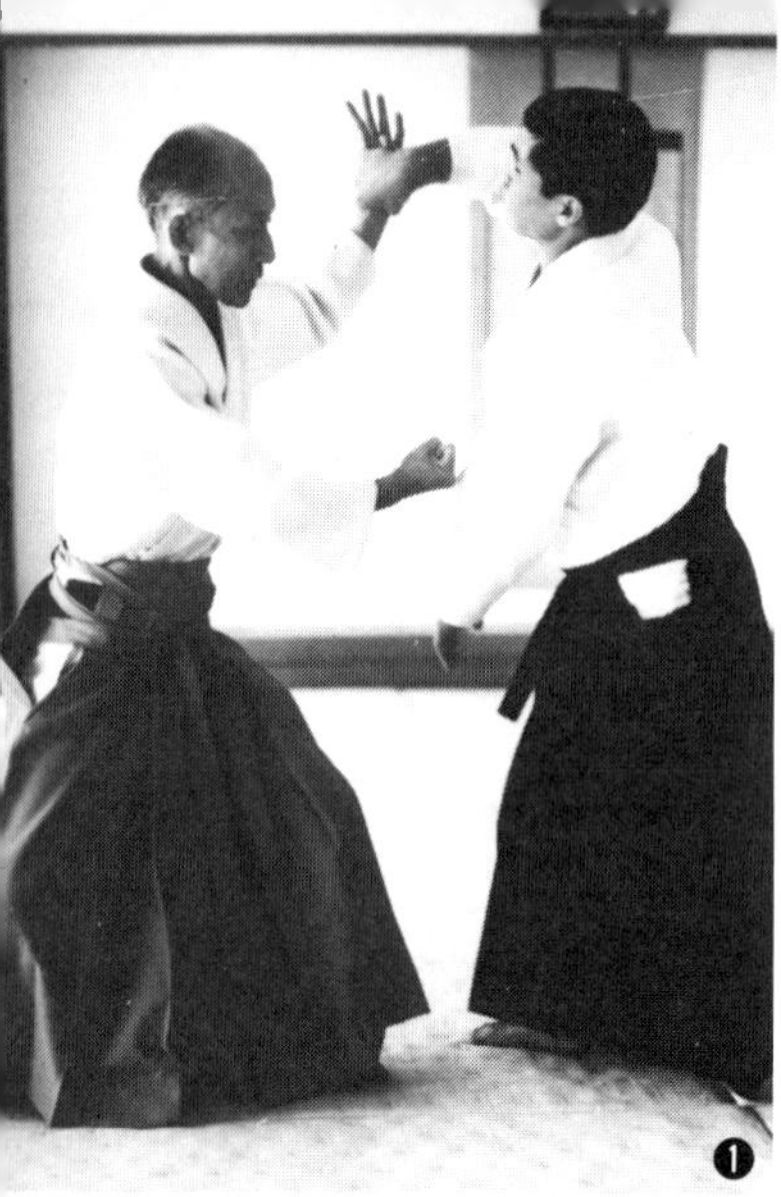
❶

❷

❸

陰陽―徒手での在り方（呼吸投げ）

合気の技にはすべて「陰・陽」あり。陽にて心気をあらわし導くとともに、陰で極める。技法にすべて「裏・表」あるもまた同じ。

❶左手首を相手に持たせるや、呼吸力をもって相手を上方に導く（相手の心を陽導する）❷相手右足を右手刀にて払う❸左に後転しつつ両手刀をのばし相手を崩す❹相手を倒し❺制す（この場合、右手刀・陽、左手刀・陰に作用）。

❶

❷

3

5

4

陰陽(杖さばき)

体の捌き(さばき)を杖に移しての動きは、徒手の場合よりもよりはっきりと「陰・陽」の理合いをあらわして妙である。

❶相手が杖の先端を右手にて持つや　❷杖に呼吸力を流しながら、相手の右手を通じて右側面に相手の気持ちを陽動する　❸杖を相手の右側面後方へのばし　❹相手の態勢を崩す　❺相手を倒し　❻投げる(呼吸力の杖を通じての発揮である)。

❶

❷

❸

❹

❺

❻

陰陽（杖さばき）

杖さばきの別の一例。上に陽動し、下で極める杖さばきである。技法の中にふくまれる「陰・陽」の動きの機微を見られたい。

❶杖で相手と正対し　❷相手が杖先を持つや相手の右上に陽動　❸相手を崩しつつ他の杖端にて相手の右足を払う　❹相手を崩し　❺投げる。

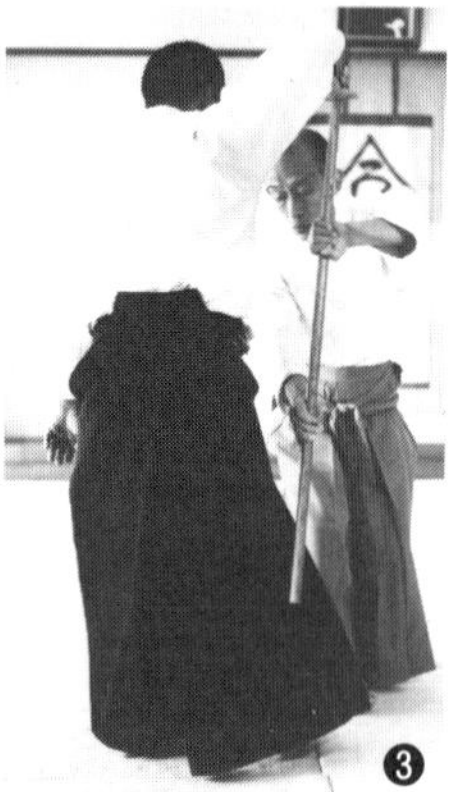

第六章

開祖の志を継ぎて往かむ

◉ 開祖遺文

「合気道は宇宙万世一系の大いなる道なり。

総てを包含しつつ統合しゆく理念なり」。

道統不変、

今日・明日へと継ぎゆく一筋のこの道。

「合気道」の名称が定められるまで

合気道が正式に「合気道」なる名称を世に宣したのは今を去る約四十年前、昭和十七年二月のことであった。それ以前は、実質的には合気道であったが名称はさまざまであった。

合気道の歴史についてはすでに拙著『合気道開祖　植芝盛平伝』をはじめ何冊かの著書に記述してきたし、概略は『合気道のしおり』(財団法人合気会発行)その他にも記載されているゆえ、改めてここでふれることは略するが、名称に関する変遷はざっと以下のようなものであった。

開祖植芝盛平がそもそも、みずからの過去の諸武道研鑽の実をふまえて武道家として立ち、合気道を創始しようと志しはじめたのは大正九年前後のことであったと思われる。

大正九年(一九二〇年)一月、開祖はその父与六を病で失った。この父は和歌山県田辺においてニ町歩(約二百ヘクタール)ほどの田畑並びに相当な山林、漁業権等を有するいわば中農で、地元ではなかなか人望があったものとみえ約二十年間ひきつづき村会議員等をつとめた(西ノ谷村村会議員、田辺町町会議員。現在の和歌山県田辺市に旧在)。

開祖はこの父をいたく敬愛していた。というのもこの父は早くから開祖の将来性ある資質や力量、覇気などを深く認め、開祖が県内にとどまることなく中央において活躍すべき人材であるとの見地から、精神的にも経済的にもいわゆる物心両面の援助をおしまなかった人物であったからである。しかし開祖は、この父の生前いまだ十分にはその期待にこたえたとはいえなかった。十八歳の折（明治三十四年）念願の東都への上京をはたして徒弟奉公ののち、翌年には文房具・学用品類の仕入れ・販売を業とする「植芝商会」を設立しながらも病に倒れて挫折。その後、数年間の軍隊生活を送り日露戦争に軍曹として従軍、戦功をあげたのち除隊。除隊後の明治四十五年春（二十九歳）、村内有志五十四戸・八十余名に呼びかけて「紀州団体」を組織し団体長として北海道にわたり、北見国紋別町湧別村白滝原野増画地（現・北海道紋別郡白滝村）に入植。以降、大正八年（三十六歳）まで白滝にあって開墾開拓に従事する一方、村会議員として活躍し白滝の発展に尽力した。そのようにいちおう一地方においては実力者として活躍したものの、父与六の期待からすれば、かならずしも満足すべきものとはいいがたかったのである。

大正九年一月の父与六の死は、そのような意味では開祖にとって少なからざる打撃であったのであろう。北海道白滝での開拓・開墾事業のいっさいを投げ捨てて帰郷した開祖は、あまりの精神的打撃にたえきれず一時はやや錯乱状態におちいったあげく、救いを当時京都府下綾部（現・綾部市）にあって大本教の布教活動をおこなっていた出口王仁三郎師に求めたのであった。そして王仁三郎師の絶対的なる信頼をえて大本聖域内の本宮山麓に住し、鎮魂帰神その他のいわゆる大本神道的なる幽斎および顕斎の修行につとめると同時に大本組織の充実にも寄与した。昭和二年上京するまでの綾部での約八年間は、いわゆる「言霊《ことだま》」の理を感得するなど開祖のある面での思想開発に大きく影響しているかともおもわれるが、ここでは省略する。

さて話を戻せば、開祖が武道家として立つ志を立てはじめたのは、父の死を契機として綾部に住み出口師の膝下にあるようになってからのことである。立志の直接のきっかけは出口師のすすめによるものであった。

それ以前の開祖の武道歴は、すでに前にふれたかとも思うが若年時に神陰流（剣）、起倒流（柔）をはじめ柳生流、相生流などを修業。その後、大正四年（三十二歳）たまたま北海道遠軽町のとある旅館において、当時「大東流柔術」の達人といわれていた武田惣角師範を識《し》り手ほどきをうけて皆伝の域に達した大東流などがおもなものであった。とりわけ大東流柔術は開祖のいわば「武道の目を開かせた」とでもいうべき意味あいをもち、理念の面においてはまったく異質であるが、技法面では合気道の創始にかかわりがあったというべき武道であった。

出口師が開祖に武道家として立つことをすすめたのは、前記のごとき武道歴を師が聞き知ったからばかりではなく、開祖の日ごろの真摯なる求道的言行がまさしく日本古来の武の伝統的精神と相通ずるものがあることを、師の炯眼《けいがん》がよく洞察したからであったと思われる。師は、本宮山麓の開祖の自宅の一部を道場として開設し、修業を希望する者たちの指導にあたるべきことを助言した。その助言に自信をえて開祖が十八畳の「植芝塾」道場をひらいたのが、開祖におけるそもそもの合気道創始の第一歩であったとみてさしつかえあるまい。

この「植芝塾」道場は、当初はもっぱら大本の青壮年信徒のなかから修業を希望する有志を集めて稽古がおこなわれたが、その後しだいに「綾部に武道の達人植芝盛平あり」の名声が喧伝されるにつれ大本外の入門者が激増し、とくに舞鶴の海軍軍人が多く出入りするようになった。そしてさらに噂は東京をはじめ全国各地におよび、はるばる各地から綾部に来て門をたたく者も少なくないようになった。開祖がその心にはっきりと合気道創始の意志をかためたのはその前後からのことであったと思われる。

大正十一年（一九二二年）、開祖はみずからの武道の名称を正式に「合気武術」とする旨《むね》を宣言。この名称は「武術」と名乗ったことからも察せられるように、いまだ現在の合気道とはその理念や方向においていくぶん異質のもののようであり、要するにより古来の武術に近い実技に偏っていたとみてよいだろう。しかし眼目は「合気」なる語をはじめてみずからの武道に冠したことである。この語は古武術・古武道においては「気を合わせる」といった用いられかたで各種伝書類に散見されはしていたが、明確に「合気」と打ち出された例は寡聞にして私は知らぬ。たまたま〝合気術〟と文中にあっても単なる〝心術〟としてであり、むしろ「気合」として用いられた事例は二、三承知している。ただしこの場合は、明治末から大正初期にかけて一時巷間に流行した「気合術」のたぐいでの事例であり、武道の名称ではなかった。

開祖があえて「合気」の名を冠したのは、ひとつにはかつて習得したところの起倒流や大東流が「陰陽」の理に基づくところの古来の気の説を援用することが多かったゆえかもしれぬが、より実質的にはやはり、開祖自身がみずからの武道修業歴、生活体験、および綾部在住以降の幽斎・顕斎修行などを経て直感し直覚しつつあったところの《気》の自覚の表明であったと解するほうが妥当である。ことに綾部において学び習得したところの「言霊《ことだま》」（詳しくは拙著『合気道開祖　植芝盛平伝』を参照されたい）の理が大きく影響していることは、後年の開祖の講話・道言・道文中にしばしば「言霊」学の知識が援用されている事実からしても明らかである。

いずれにせよ大正十一年、開祖は「合気武術」をはじめて名乗ったのであったが、修業者および外部の一般からは「植芝流」または「植芝流合気武術」の呼称で呼ばれることのほうが多かったと聞いている。

「合気武術」の達人として綾部のみならず全国的にもその武名が謳われるようになった開祖は、その後、大正十三年（四十一歳）から翌十四年（四十二歳）にかけて、第二章で記述したごとき決死の大満蒙行および帰国後綾部での海軍将校相手中に直覚したいわゆる「スミキリ」体験により、宇宙の《気》と我《われ》の《気》との一体化の悟達を得、ついに明確に、開祖独自の武道的世界をかたちづくる根拠をかちうるにいたった。

以来「我即宇宙・宇宙即我」なる妙諦にめざめ、この時を機に合気道の理念たる「真の武とは万有愛護の大和・大愛の道なり」、および気・心・体一如の「気の妙用」の機微をつかみえたものと解される。したがって、合気道の哲理的および理念的な面での創始は、この大正十三年から十四年にかけての時期に始まるといってもさしつかえあるまい。

大正十四年秋、開祖は、開祖の熱烈なる理解者であり後援者でもあった竹下勇海軍大将のたっての招請に応じて上京、山本権兵《ごんのひょう》衛《え》伯爵（元総理）ら貴顕名士を前にして演武会を開催、大きな感動をあたえた。また山本伯より請われ、青山御所において宮内庁関係の柔剣道高段者に二十一日間「合気武術」の特別講習をおこなった。そして翌大正十五年＝昭和元年（四十三歳）春、ふたたび竹下大将に招かれて上京し、宮中、陸海軍、ならびに政財界人に長期間にわたって「合気武術」を指導。さらに昭和二年（四十四歳）、三たび竹下大将らの懇請をうけ、出口王仁三郎師のすすめもあって綾部を去り東京に腰を据えるべく決意をかためた。

昭和二年、東京に居を定めた開祖は、爾来昭和五年までの間、芝白金猿町、芝三田綱町、芝高輪車町その他において道場をひらき、各界各層の名士、有志をはじめ柔剣道においてすでにいちおうの名をなした少壮の武道家らをも集めて「合気武術」の指導にあたった。このころになるとすでに開祖の心技は、たんなる武術の域をはるかに超えるところのものであることが自他ともに認められ、しばしば「合気道」の名を口にする修業者もあらわれはじめたようである。だが正式にはまだ「合気武術」を名乗っていた。講道館柔道の祖たる嘉納治五郎氏がわざわざ来訪し、開祖の「呼吸投げ」「合気投げ」などの神技に感嘆して「これこそ私が理想とする武道である」と賞讃してやまなかったのもこのころ（昭和五年十月）のことであった。

かくて東京においても武道家としての名声を確立した開祖の下《もと》へは、入門希望者があとをたたず、開祖は極力厳選して修業者をおさえようとしたが断りきれず、ついに従来の道場はあまりにも手狭となった。そのため牛込若松町の旧小笠原家下屋敷跡を借用（のち入手）することとなり、昭和五年より新道場の建設にとりかかった。

翌昭和六年四月、新道場が完成。この新道場が現合気道本部道場のそもそもの原型であること、つまり本年（昭和五十六年）が「合気道本部道場創建五十周年」にあたることは、第三章においてすでに記述したとおりである。

新道場を得た開祖は、これに「皇武館」なる名称をつけた。すなわち「皇武館道場」であり、そのため合気道はその後数年間、従来の「合気武術」の名称とともに「皇武」などの呼称で呼ばれることもあった。

　昭和十一年（五十三歳）、開祖はみずからが創始し築きあげつつあるところの武道が従来の武術のありようとはしだいに異質の世界をかたちづくりえたことを強く自覚し、その独自の武道に、「武術」の名を冠することは不本意であるとの考えから「武術」の名称を捨て、新たに「合気武道」と名乗る旨を宣した。このことによって合気道は明確に、より精神性、求道性の濃い武道としての内実を一般にも宣したことになる。そうすることによって開祖は、世間一般とくに多少の武道知識を有する者がことさら合気道を旧来の古柔術の類似視する誤解を糺《ただ》そうとすると同時に、合気道の道統の基礎を固める第一歩となそうとしたかにおもわれる。

　すなわち開祖はようやく、武道家個人としてのいわば私的な役割にみずからを踏みとどまらせる気持ち（本質的には頑《かたく》なな気質の持ち主であった開祖の本心は最後までただ一人の武道家でありたかったのではないか、とも察せられるが）を捨て、一つのいわゆる流派的存在、より正確にいえば新たなる独立の武道としての合気道を確立し、その道統を次代に継がしめる文字どおりの「開祖」たるべき使命をみずからに課したのである。

　開祖が昭和十四年末、「財団法人皇武会」の申請を政府に提出したのも、そのような意向の一つのあらわれであった。そして翌十五年四月三十日、「財団法人皇武会」は正式に認可され、寄附行為が認められるところの社会的組織団体として合気道は新発足することとなったのである。

　かくて組織としての基盤が確立された合気道は、社会各層にわたって普及拡大の一路をすすむことになり、その前後は俗に「合気道第一期黄金時代」などとも称されるごとき活況を呈した。

だが昭和十六年十二月八日に太平洋戦争が勃発し、その戦況がしだいに深刻化するにつれ、合気道もさまざまなかたちで余波をうけざるをえなくなった。たとえば青壮年層の大半が応召されて入門者が激減したことなどもその一例であり、また戦時下各種団体統制令の一環として、武道諸派諸団体の統合が上から押しつけられたことなどもその一例である。つまり柔・剣道をはじめとする武道関係諸団体はすべて、強制的に大日本武徳会に統合管理されることとなったのであった。昭和十七年のことである。

開祖はこのようないわゆる国策に異を唱えはしなかったものの、本心はやはり、みずからがせっかく営々として独自の道を築きつつあった武道を画一的に管理されることには耐えられなかったもののようである。そのためか、大日本武徳会への統合にあたっては断固《だんこ》として「合気の道」の独自性を主張し、従来の「皇武館合気武道」なる名称ではたんなる一流一派とみなされかねぬゆえ、このときはじめて合気道を「合気道」と正式に呼称する旨をおおやけにしたのであった。

すなわち合気道が名実ともに「合気道」として公認されたのはこの時——昭和十七年二月のことであったのである。「植芝塾」道場創設以来、じつに二十二年目のことであった。

開祖鎮魂の岩間「合気神社」に想うこと

公《おおやけ》に「合気道」の名称を宣するとともに開祖の心境に生じたある変化をうかがうには、岩間の里について語らねばなるまい。

〝合気の心のふるさと〟として今、心ある合気道修業者たちが心に愛慕してやまぬ岩間の里、開祖鎮魂の「合気神社」の鎮座まします岩間について語ることが、戦後の〝新生〟合気道の再出発そして大いなる発展をみるうえで、もっとも欠かすべからざる事柄のひとつであると考えられるからである。

開祖が岩間の里――茨城県西茨城郡岩間の地に、新たに合気道研鑽の場を設けようと想いはじめたのは昭和十年ごろまでにさかのぼれるようである。そのそもそもの思い立ちは、開祖個人の純粋なる求道の行の場を求めたこと、つまり東京において斯道《しどう》確立の本拠の礎《いしずえ》が固められたことにより一安心を得た開祖が、ひるがえって己れ自身の終わりなき修行錬磨の欲求に駆られたがゆえであった。本来まれにみる純真無垢《むく》なる武の魂の持ち主であった開祖は、斯道の普及発展をもとより喜びはしていたものの、それのみにて心に満足をおぼえることはなく、時にはむしろ周囲にちやほやされて己れの修行の時間が空費されること迷惑がる様子もみえた。地位・名誉・金銭その他、俗世間が望むところのことのほとんどに無頓着であった開祖が真に求めるのは、ただ、己れ自身の心身の錬磨をつうじて真理究明の実《じつ》を果たす、ひたむきなる自己人格形成への悲願にほかならなかったからである。

開祖が、当時まだ一面に松や雑木林におおわれていた岩間の不毛の原野に心ひかれ、その地を開墾開拓する業とともに合気道追求の道を踏み直そうと考え、ぼちぼちと金ができしだい少しずつ土地を買い求めはじめたのは昭和十年前後からであったと思う。不毛の地の開墾は、かつての北海道白滝入植の志にもうかがえるように、開祖のもって生まれたるところの使命感であり、いうならばいわゆる〝男のロマン〟であったのだ。

だが開祖のその想いは、容易には実現の時がこないままに過ぎていた。東都における盛名があまりにも高くなり、道場のみならず各界各層よりする招請が相つぎ、多忙のうちにいたずらに歳月が過ぎたのである。

前節末において先述したごとき大戦中の武道諸団体統制管理の強制は、ある意味で開祖個人の決断をうながす絶好の機会でもあった。すなわち不可抗力的なそのような事態をむかえ、東京および全国各地における合気道独自の活動がいちじるしく制約される情況となった以上、もはや普及啓蒙に時間をさく必要はあまりない。事実、戦況の深刻化にともなって修業者の数も減り、各界各層よりの出修の招請も少なくなっている。開祖はいよいよ念願の岩間へと心が動くのを感じたに違いない。そこへもってきての大日本武徳会への所属統轄の断である。開祖は、先述したごとき意をふくめて「合気道」の名称を世に宣すると同時に、心にその「合気道」を深く切実にいだきながら、岩間の里に引き籠《こも》ることを決断したのであった。

開祖は小我を犠牲にしても国家の大義に殉ずべきだとする古来の愛国心の強い人物であったゆえ、国家非常時の国策に異を唱えることは嫌ったが、しかしさほど愛国の誠意とはかかわりがあるようにも思われぬ武道諸団体統制令には、内心いささか不本意の感をぬぐいきれなかったようである。しかも統制後いたずらに事務的煩雑のみふえてきたことに、開祖の純なる武道家としての心は嫌気を感ぜざるをえなかったようである。

「わしは雑務はようせぬわい。わしには合気の道の修行あるのみじゃ」
開祖は撫然《ぶぜん》たる表情でこういってのけ、統轄元の大日本武徳会には、渉外的手腕にとんだ内弟子で道場総務に任じていた平井稔氏をさしむけた。また東京の若松町の道場は、当時まだ早稲田大学高等学院に在学中の私を道場長に任じて引き継がせ、師範部の大沢喜三郎氏（現・本部道場長）らに協力を要請し、みずからはさっさと岩間の里に妻はつ（私の母）を伴っておもむいてしまったのである。いかにも直情径行、いったん己れの心にこうと定めたならば己れの心に忠実に行動する開祖らしい天衣無縫ぶりであった。

旧徳川氏三十五万石時代よりこのかた尚文尚武の地として知られる水戸にほど近い岩間は、当時ほんのわずか田畑が点在はするものの、九割がたは雑木や果樹が占める林野の里であった。開祖は、昭和十年前後よりぼちぼちと買いためて数年間で二万坪ほどになっていたこの土地をみずからの手で開墾開拓し、開祖の心情に古くより深く根づいていたいわゆる「武農一如」の生活を開始した。住居は農家の納屋を改造したわずかに八畳と六畳、および狭い土間があるのみの小屋にすぎず、訪れる旧知や門弟たちはそのあまりの粗末さに一驚したが、開祖自身の意気はまさに軒昂《けんこう》たるものがあった。

ところで、岩間定住にあたって開祖には、かねてよりの理想実現のための三つの構想があった。

第一は、この地に「合気の道・合気道の心」を象徴するところの「合気神社」を建立《こんりゅう》すること。
第二には、大自然の《気》の充溢するこの地に野外道場を設け、志ある若者たちに気・心・体一如の精神的なる武道、開祖のいわゆる「武産《たけむす》」（武の錬磨によって心に生命力をつけ、その生命力が宇宙万有の生命力と相和して万物を生産するとする哲理）というところの合気道を心ゆくまで伝授し、体得せしめること。第三に、開祖の思想の一面にあったものと考えられる農本主義的理念と、前記の「武産」の哲理とを一体化し、それに基づくところの農耕即武道・武道即農耕ともいうべき「武農一如」の生活実践をおこなうこと。そしてそれらを「合気苑」なるいわば開祖心願の理想郷において総合的に展開せしめることこそ、己れの一代畢生《ひっせい》の事業であると自覚していたものであるように思われる。

「合気神社」の建立は、開祖のいうところによれば「合気道を武産《たけむす》し守護しつづけてくださった四十三神への御礼と、今後なお永久に合気道の彌栄《いやさか》を誓う合気道全修業者有志の心のよりどころとなるべき聖なる礎《いしずえ》として」建立をはかったものであった。ここでいう四十三神とは手力《たじから》男命《おのみこと》をはじめとするわが国古来伝承の武の神々、竜王、権現のことである。開祖はみずからの武の力が、みずからを超えるところのこれらの神々の加護によって培われ発動するものと固く信じて疑わなかった。それは開祖の理屈ぬきの信仰心であったともいえることはいうまでもないが、より重要なことは、みずからを超える何ものか大いなる存在のあることを信じて己れの力の過信を自戒した、開祖の真摯なる謙虚さである。この謙虚さがあったればこその、終わることなき修行への情熱と誠意とは、信仰の有無《うむ》をとわず合気道修業者がひとしく心にいだくべきたいせつな心がけなのではあるまいか。

「合気神社」の神域は、すでにふれた開祖の信奉するいわゆる「言霊」の思想に準拠しつつ設計がなされている。すなわち、たとえば本殿、拝殿、鳥居その他の布置はすべて言霊学にいうところの宇大三元の法則の形象化と称される「△（イクムスビ）」「○（タルムスビ）」「□（タマツメムスビ）」にしたがったものである。この俗にいう三角、丸、四角のかたちの形象は言霊学における呼吸図とかかわるものであり、開祖の説くところによれば「△○□が一本化して[△○□]となり、それが気の流れとともに円転してスミキルのが合気道である」という。

このように万事「合気の道」を念頭におきつつ構想された「合気神社」が、戦争末期にもかかわらずじゅうぶんの配慮をもって完成されたのは、ひとつにはたまたま岩間在に松本という腕のたしかな宮大工がいたためであり、今ひとつには合気道創始時このかたの合気道修業者あげての心からなる賛意賛同があったからであった。

かくて昭和十九年、神殿が完成。「これで合気の奥の院ができたのう」と感涙にむせんでいた開祖のすがたが今も眼前にほうふつとする。現在、合気道修業者の心の拠《よ》りどころとして崇敬のまととなっている岩間の「合気神社」は、まさにこの時をもって鎮座の礎を定めたのであった。

例大祭は毎年四月二十九日、東京はじめ全国各地より心ある有志多数が参集して厳《おご》かに、かつ合気道独特の〝愉快〟なる和気あいあいのうちにとりおこなわれる。私も、開祖鎮魂のこの「合気神社」に参拝し、祈り、神前に演武するたびに心が潔《きよ》くなる思いをするのである。

次に開祖構想の第二の点、野外道場についてであるが、これは当初、文字どおり野外の農園の一隅に設けられたものであった。だが近郷近在からの入門者もあり、結局、その場に建坪三十坪ほどの修練道場が建てられることとなった。

この修練道場が完成されたのは終戦をはさんだその直後、つまり終戦直後のことであった。そのため当初の「武農一如」的な意図とはややずれが生ずることとなったけれど、しかし結果的には戦後、いささか予想外の別種の貴重な役割をこの修練がはたすこととなった。すなわち戦後、若松町の道場が諸種の戦後事情によって半ば閉鎖せざるをえなかった約三年間、合気道に関する社会的基盤のいっさいが一時この岩間の修練道場に移管されたからである。岩間に修練道場が設けられていたことによって合気道が、戦後の中央における極端なまでの武道排斥の風潮下にあってどれほどその難をまぬがれたことか。その意味でも岩間は合気道史上、忘れがたい地であるというべきであろう。この修練道場は開祖亡きあとも記念道場として、可能なかぎり当時のおもかげをそのまま保存するよう配慮しながらたいせつにのこされ、現在は茨城道場として、着実な武道活動がおこなわれている。

ともあれ、開祖が岩間定住にあたり心に誓った「合気苑」三大構想は、深刻なる戦争末期の悪条件にもかかわらず、また終戦直後の混乱にもかかわらず、多少そのかたちこそ異なれ、おおむねその趣旨は実現されたのであった。と同時に開祖自身も岩間の里において、なんら中央の雑事雑音にわずらわされることなく合気道錬磨に三昧しえたことは、何にもまして心の満足であったに相違なかろう。

その後、合気道は、昭和二十三年二月の「財団法人合気会」の公的認可を皮切りに復興の道を歩みはじめ、昭和三十一年九月の戦後初の一般公開演武会(東京日本橋高島屋)、昭和三十五年五月の財団法人合気会主催「第一回合気道演武大会」(東京代々木・山野ホール)などを経てひろく一般にその存在を認識されるようになり、さらに昭和四十三年一月には現在の本部道場が新築完成されるなど発展拡充の一路をすすんできた。そのくわしい発展経過については拙著『合気道開祖植芝盛平伝』においてすでに記述したゆえここでは略するが、いずれにしても、合気道が今日の隆盛をみるにいたったことを喜びながら私の念頭につねに去来しつづけているのは、終戦前後の開祖のありようである。

もし開祖が当時、中央での煩忙に溺れて岩間でのみずからの修行を思い立たなかったならば、合気道はあるいはその時点においてその生命をとぎれさせていたかもしれぬ。戦前の一時期、植芝盛平なる無類の天才的武道家によって唱道され華やかなる活動を展開した武道としてのみ、合気道はいわば歴史上の〝一伝説〟として終わったかもしれないのである。

それがそうなることなく、道統として今日のわれわれに引き継がれ、戦前をはるかに上まわる活況を呈しつつある一大要因は、開祖が心を新たにして合気道の真髄を岩間の里での求道の行に求めようとした一事にあるのではないか。いいかえれば合気道の創始者たる植芝盛平みずからが合気道の真髄とはいたずらなる道勢の拡大普及化にあるのではなく個々の求道の行に存することを実践躬行してみせた一事にこそ、合気道の道統が護持されえた一大要因があると思うのである。

そしてこのことは現在、国内外において合気道人口が百万に達するにいたった盛況下にあるわれわれ合気道修業者が、かたときも忘れてはならぬ自戒の大事であると考えざるをえないのである。

禅に「脚下照顧《きやつかしようこ》」、たえず顧みて己れの足の地に着いているかどうかを反省せよ、ということばがあるが、われわれ合気道修業者はみなたえず「脚下照顧」を忘れることなく、しかも理想と情熱の意欲を燃やして前進向上につとめなければなるまい。

何事によらず発展するのは喜ばしく、ひろく世に拡がるのはまことに結構であるとおもわれる。しかし、発展し拡大する目先の現象にだけ心を奪われ、もっともたいせつにしなければならぬその道の真髄や原点などを見忘れれば、結局は中心を失った独楽《こま》がバランスをくずしてよろめき止まり倒れるように、その道もまた本来本質の生命を失って分裂し分解してしまうのではないか。そのものが巨大化すればするほど身の自由を失い、力を発揮できず、やがて生命を枯渇させて息絶えることは、かの恐竜の絶滅の例をひくまでもなく、あるいは古今東西の覇権超大国滅亡の例をみるまでもなく明らかである。

開祖が岩間において「脚下照顧」せむとした意のありどころを想う時、私はあらためてみずからの心に深く戒めるべきことがあるのを痛感せずにはいられないのである。

海外の活動

昭和五十五年秋パリで開催された「第三回国際合気道大会」には二十八カ国代表らが参集、合気道の国際的発展と親睦を誓いあった。

パリのクーベルタン・スタジアムでの大会　上　著者演武　中　貴賓席、著者左はジスカールデスタン前大統領令弟　下　総会議場、著者の右はボンフォン、国際合気道連盟理事長。

パリ近効ルエイニ市に開祖の名をそのままつけた〝植芝盛平道場〟が開設。合気道への共感は西欧では日増しに高まっている。
上〝植芝盛平道場〟(植芝守央本部道場長補佐) 中 同上の道場開きレセプションでの著者 下 昭和五十年西欧出修の折アムステルダムで

西欧、アメリカと並んで南米（ブラジル、アルゼンチン、ウルグアイ他）はとくに熱心な合気道修業者が多く、活況を呈している。
上 西独デュッセルドルフ郊外の道場で（昭和五十年） 中 南米ウルグアイ軍官大学校長と交歓（昭和五十三年） 下 サンパウロ（ブラジル）のTVに出演（昭和五十三年）

戦後初めて海外道場が開設されたハワイ。一方、やや出遅れていた東南アジア諸国でも十数年前から修業者が激増している。

上 マレーシアのサラワク州はとくに合気道が盛ん。首都クチンでヤコブ首相の歓迎をうける著者（昭和四十七年）。

下 ハワイは開祖以来ゆかりの地。ホノルル空港で大歓迎をうける著者（昭和五十三年）。

第七章

世界に根づく合気道のこころ

◉

合気即愛気。
和を産《むす》ぶ大いなる合気の心により
人類に愛の懸け橋をする。
その互いに力を認めあい信じあう武の哲理は
今や世界に理解され浸透する。

道統なき合気道国際化は無意味

昨年（昭和五十五年）パリでひらかれた「第三回国際合気道連盟（ＩＡＦ）総会」は、現地に世界各国からはせさんじた修業者たちによって熱誠裡に進行、手をたずさえて日本の合気会本部道場を中心とする合気道の国際的発展をはかることを約し、とどこおりなく終了した。会場の雰囲気は、まさしく合気道国際化の熱気溢れる高まりをひしひしと感じさせるものであった。

四日間にわたる総会をつうじて私がとくに喜びにたえなかったのは、各国の参集者たちが合気道に、日本のもっともよき精神文化性が内包されているとの理解を示してくれたことである。たとえば勝敗を目標とする試合方式を否定する合気道ならではの特殊性を肯定し、なおかつそれがどのような日本的哲理に基づくものなるかをも認め、しかも日本的哲理なるがゆえにあえて関心をいだくのだという声が大半を占めたことに、私は心やすまるおもいがした。

なぜならば昨今、海外における各種日本武道の国際化がいわゆる廂《ひさし》を貸して母屋《おもや》を取られるがごとき傾向を呈しつつあることに、いささかの疑問と危惧とを抱いていたからである。率直にいって、それをしも国際化にともなうやむをえぬ必然的現象であると肯定するがごとき寛容さを、私はもっていない。少なくとも合気道に関するかぎりは、日本的哲理の特殊性こそ合気道の本質にほかならず、そのことに異を唱える者はすでに合気道修業者とは認めえないとするのが私の不変の考え方である。開祖以来の道統のみが唯一絶対の道統であり、これに反する意見および方式はいっさい許容できぬ。したがって合気道の国際化とは道統の国際化を意味するものではなく、厳密にいえば国際的修業者の道統化であるとするのが私の信念である。

そのような趣旨を私は会期中、折あるごとに各国代表者に申し述べた。そして幸いなことに私の趣旨は、大半の会員が快く諒解し、是認してくれたようにおもう。

結局それは、たとえば合気道が勝ち負けを第一義とした試合方式を否定する求道的な行《ぎょう》の武道であるがゆえであろう。〝母屋を取られた〟と騒がれている日本武道そもそもの禍因は、ほとんどの場合、試合方式であるように思われる。武道独特の日本的哲理、心の問題を抑えて国際化普及にもっとも手っとりばやく効果的な試合方式を採用したことが、普及を促進した反面、いわゆる力対力の対決による力関係の理をも国際武道界にもちこむ結果をまねき、あげく腕力においては一日の長ある各国の実力選手に勝負ではひけをとり、さらに政治的駆け引きにおいては一日の長ある各国実力者によって〝母屋を取られる〟始末になったのではないか。その後になって「本家本元は日本」などと主張しても時すでに遅し、そのような意地っぱりが通用するはずはないのである。

前車《ぜんしゃ》の轍《てつ》を踏むの愚だけは犯すまい、と、合気道国際化の気運がおこりはじめたころ私が自戒したのはまず、合気道は少なくともその種の後悔だけはしたくないという一事であった。

むろん私は、合気道の国際的普及化が多くの心ある師範たちの身をもってする努力のたまものであることは感謝の念をもって理解し、また合気道の輪が世界各国に波紋をえがきながら拡がってゆくことに喜びを感じはした。昭和三十年代に入ってから欧米（フランス、アメリカ＝ハワイ、ニューヨークを中心に）で普及しはじめ、四十年代前後にはイギリス、イタリア、ブラジル、アルゼンチン、オーストラリア、東南アジアその他にも合気会支部道場が設けられ、四十年代後半にはほぼ全世界を網羅するにいたった国際化の発展を、私はうれしい気持ちで歓迎した。しかし私が、世界各国からのしきりなる要請にあえてすぐにはこたえられなかったのは、ひとえに前車の轍を踏みたくなかったからであり、またその間、いかにすれば前車の轍を踏むことなく日本武道として道統が正しく国際化されうるか、などを綿密かつ慎重に検討していたからであった。

その検討のあげく到達した結論は、先に挙げたごとく、求道を第一義とする日本的哲理の特殊性こそ合気道の本質にほかならぬことをまず周知徹底せしめること、次いで、開祖創始の道統のみが合気道の唯一絶対の道統であることの確認であった。少なくとも以上二点を絶対厳守する態度を堅持すれば大過はなかろう。爾余のことは、勝敗を第一義とした試合方式を採らぬことなどにより、他の各種日本武道にくらべれば難をまぬがれることは比較的容易なのではあるまいか。

そう判断をくだしたのち、合気道は、昭和五十年十一月、ようやく国際的に合気道の組織・運営をはかる「国際合気道連盟（IAF）」の結成をマドリッド（スペイン）において討議し、翌五十一年十月、わが日本の東京において第一回総会をひらき公式に発足させるにいたったのである。

その折に議定した規約には、先述した二点をふまえた合気会本部の意向が明確に記載されている。参考までにその二、三項を摘記しておこう。

「第一条　定義
●国際合気道連盟は公認国内連盟（又は全国的組織）により構成される。
●国際合気道連盟は非政治的文化団体であり、人種、宗教によるいかなる差別をも認めない。
●本連盟は植芝盛平先生が創始され、財団法人合気会、合気道本部で普及しているものを唯一の合気道と認める」

「第四条　目的
1…植芝盛平先生が幾多の日本武道の奥義を極め、さらに精神的修養の結果創造された精神と肉体の練磨の道としての合気道の世界的普及と保護。
7…合気精神の保護はもとより、合気道の試合の禁止」

「第九条　会長
●会長は常に財団法人合気会、世界合気道本部の合気道道主である。
●会長は国際合気道連盟の精神、技術のアカデミアとしての代表として外部に対して活動する。
●会長は本連盟の全ての公式行事、会議に出席することが出来、常に筆頭の位におかれ発言し、自己の意志、意見を表明することが出来る。但し議決の投票に加わることはない」

いずれにせよこのようにして発足した「国際合気道連盟」は、現在（昭和五十六年＝一九八一年）加盟国四十ヵ国、参加修業者はフランスの約二万名を筆頭に総数ゆうに十万名を超える存在にまで成長するにいたった。冒頭において触れたパリでの「第三回　国際合気道連盟総会」は、そのようなめざましい合気道の国際的発展化の、いわば黎明期を告げる意義深い総会であり、それだけにまた、各国の参集者の大半が合気道について道主たる私の意のありどころを正確に理解してくれたかに思われたことが、欣快《きんかい》にたえなかったのである。

ところで帰国後、留守中にたまっていた諸新聞の束に眼をとおしていた私は、たまたまこの総会に関連したとある小記事を見出した。『日本経済新聞』昭和五十五年九月三十日朝刊のコラム「春秋」の、次のような記事である。

「どこの国の床屋のおやじも陽気で話好きときている。外国で床屋に入るのがおっくうなのは、次から次へと話しかけられるのがしんどいからでもある。そんな日本人を小ばかにしていたパリの床屋で、ある客がチンプンカンプンの質問に対して、『ぼくは合気道三段だ』と言ったところ、突然おやじは尊敬の目つきになり、以後いつも上客の扱いを受けたという。

▼日本の武道に対する欧米の関心の盛り上がりには目を見はるものがある。最初のころは柔道だけだったが、今では合気道、空手の道場がいたるところにあり、インテリから大衆まで『ハーイ、エイヤッ』と楽しんでいる。今日から（注・九月三十日）十月四日までの五日間、フランスのパリで『国際合気道大会』が開かれるが、これには欧米、北欧、南米、東南アジア計四十ヵ国から代表が参加、三日目の演武大会には五千人が参加するそうだ。

▼なぜ、こんなにも日本の武道がモテるのか。合気道の場合でいえば、どちらが勝つかを決める格闘技ではなく、中高年者でも女性でも修行できるという点が、現代の健康法ブームに合致した

こと。それ以上に、西洋のスポーツにはない礼儀と秩序と、人間の身体を全部使ったワザという東洋の神秘性が魅力になっているらしい。また、素手だけで道具は何もいらず、けいこ着になってしまえば、すべて人間これ平等という哲学もすばらしいものと映るようだ。

▼日本経済の強さの秘密は、自動車にしろエレクトロニクスにしろ、基本ワザをまねして徹底的に自分のものにして、それから新しいものを考え出したところにある。それを支えたものが和と協調の〝合気〟だ。国際合気道大会ではこの極意を欧米人に伝えてやってほしい。ただ、日本人があまり天狗になると、ケガのもととなる。ご用心」

いかにも慧眼なるジャーナリストらしい視野と洞察にみちた一文として拝見したのであるが、文中にも示唆されているように外国人修業者の多くは「西洋のスポーツにはない礼儀と秩序と、人間の身体を全部使ったワザという東洋の神秘性が魅力となって」この道に踏みこんでくるように感じられる。

そのいうところの「礼儀や秩序」あるいは「東洋の神秘性」のありようについては本書に既述したところでほぼ明らかであると思うが、事実、外国人修業者は想像以上にそうしたありようを正当に理解しつつあるかに思われるのである。むろんすべてがすべて万全の理解を示しているとはいえず、いやむしろ究極の肝腎なところは文化的差異すなわちいわゆるカルチャー・ギャップなどに基づく根本的な誤解も少なくなく、要するにおおかたの理解度は心ある日本人修業者のそれをはるかに下回っている。しかし一方ある面では、つまり日本の武道におけるところの求道的行としての価値については、あるいは日本人修業者より以上に関心をいだき、その究明につとめ高く評価している印象さえうけるのである。

たとえばフランスの修業者の中にはすでに禅の修業をかさねた者がきわめて多く、彼らはいわば〝動く禅〟としての哲理を合気道に求めているかに思われる。また、たとえばイギリスではオックスフォード大学やケンブリッヂ大学の学生および出身者らに共感を示す者が多く、彼らには西欧の精神文化性の停滞ないし頽廃からの回復の課題を、合気道の宇宙観あるいは心身統一の理をとおして知的に考究しようとの姿勢がみられる。アメリカにおいては知識人一般の大きな自己課題であるところのいわゆるアイデンティティの問題をとく鍵を合気道に求める者が多くみられ、またドイツでは西欧文明の行きづまりの打開策を合気道に象徴されると彼らが信じるところの日本精神の究明によって得ようとする態度が感じられる。東南アジアなどで昨今急激に合気道に関心が集まりつつあるのは、彼らにとって驚異とも羨望のまととも映っている日本の経済繁栄の根拠の一つを、合気道における心身錬磨による強靭なる精神力にあると見るがゆえである、との印象もうける。

これらの印象例はいずれも各国それぞれの合気道修業者のもっとも特徴的と感じられるところを抽象化して記述したものであり、実際が本当はどのような彼らの心性に根ざしているものなのかは、正直いっていまだ確実には把握しきれていない。

しかし現地において、あるいはより多く本部道場に〝留学〟している多数の外国人修業者と日ごろ接して感じるのは、ざっと以上のようなことである。要約すれば彼らは、まず日本の経済繁栄を支える日本人の能力の源泉がいずこにあるかに関心をいだき、あれこれと模索したあげくそれが日本人特有の(と彼らの目には映るところの)精神力であると考え、それも和と協調を基軸とするある種の家族主義的なる「心の和」にあると見、あげくその象徴であると彼らの見る合気道にたどりつくようである。そして実際に合気道を修業するうちに、自己自身の問題としてアイデンティティ的な一体感、自己自身の心身の一体感のみならず自己と他人の一体感、自己と周囲の情況との一体感、さらには究極するところ宇宙と自己との一体感などが合気道によって培《つちか》われることに気づき、合気道に深く魅せられるにいたるようである。

このような外国人合気道修業者の合気道へのアプローチおよび深入りの過程は、ある意味で合気道の本質を解するもっとも知的なるものの一つかもしれない。外国人修業者の場合、きわだって知識人、それも心ある有識者が多いという事実からくるのかもしれぬ。そして知識人であるがゆえに彼らは合気道の日本的哲理の特殊性に着眼すると同時に、合気道の動作や技などの合理性に納得し、いいかえれば合気道の普遍性を特殊性と同時に把握するのである。

私は何も彼らを必要以上に好意的に見ようとしているのではない。事実そのような有能なる外国人修業者が多い点にむしろある種の畏怖をすら感じるがゆえに、あえて他山の石として率直な感想をもらしているにすぎぬ。すなわち、もしこのような真摯なる外国人修業者が多数を占めるような事態になったと仮定した場合、合気道は、先にふれた他の日本武道が陥った過ちとはまた別な意味で、彼らの実質的な能力それも知的能力によって何がしかの影響が生ずるやもしれぬことを、畏怖するのである。『日本経済新聞』コラム子の最後の一句を借りれば「ご用心」しなければばならぬと痛感せざるをえないのである。

つまり要は、日本人修業者が合気道に取り組む姿勢の問題であり、もし日本人修業者がいたずらに安易に合気道と取り組んで足れりとするならば「ご用心」は実際の危惧となってあらわれるかもしれないのである。

日本人合気道修業者は道場において、今までより以上の心身の錬磨に励むのみならず、「合気道の心」により深くおもいをいたすべきなのではあるまいか。

世界・人類平和の懸け橋として着実に

開祖は生前、合気道の国際的普及化がようやく目立ちはじめた昭和三十年代初期、そのことをどのようにうけとめるべきかにとまどっていた私たち周囲の者に、そのご自慢の長い白髯《はくぜん》をおらかに撫でしごきながら、よく次のような心境を語り聞かせていた。

「なに、たいへん結構なことじゃ。合気道は世界・人類平和の懸《か》け橋なんじゃ。そもそも『武』なる文字は『戈《ほこ》を止ましむる』の意より発祥したるものじゃ。その真意が合気道によって全人類に理解されれば本望じゃ。全人類の住居《すまい》たるこの天地の造化の創造主は、すなわちわが合気道の生みの親である。日本の武道の本質が合気即愛気じゃという宇宙的思想が全人類に、ありのままに素直に受けとられるのは当然じゃ。うれしいのう」

そしてたとえば好んで次のような道歌をものにしていた。
「合気とは愛の力の本《もと》にして
　　愛は益〻栄えゆくべし」
「大宇宙合気の道はもろ人の
　　光となりて世をば開かん」
「美しき此の天地《あめつち》の御姿は
　　主《ぬし》のつくりし一家なりけり」

昭和三十六年二月二十八日、招かれてハワイ合気道場開館式に列席のため、当時すでに七十八歳という老軀にもかかわらず欣然として空路ハワイにおもむいた開祖は、その出発壮行会の席上、次のような趣旨のあいさつをおこなった。

「私がハワイへ行きますのは、考えてみますと、このたび『銀の橋』をかけるのであります。いまは国内に『黄金の橋』をかけておるが、さらに海外へも橋をかけ、つまり合気道によって東西に橋をかけるわけであります。すなわち、すべての国々に橋をかけて、和と愛をもって世界を結ぶのが合気道なのであります。そして私は、まだまだ修行中でありますから、橋をかけるだけではなく、ますます真なる武の道を磨かねばならぬ。武産《たけむす》合気とはそのように、真武によって世界人類の和合をはかり、万有を普遍愛でつつみこんでゆくものなのであります」

ここには詩的とさえいえる「黄金の橋」および「銀の橋」の比喩をかりて、開祖の合気道国際化に対するまことに味わい深い見解が述べられているとともに、開祖の、国内日本人修業者にたいする切実なる訓戒がやんわりと示されているのではあるまいか。すなわち開祖自身が「私はまだ修行中でありますから、橋をかけるだけではなく、ますます真なる武を磨かねばならぬ」と自戒の意を表することによって、開祖は国内の私をはじめとする全修業者にひとつの大いなる今後への指標を与えたと思うのである。

私たちはこの意を深く体して、己れを持することに謙虚であり、自重自覚の自戒を忘れてはなるまい。合気道の昨今のブームとすらいえるごとき盛況に惑わされず、また気をゆるめたり悪のりしたりするなどのことなく、盛況下にあればこそかえってますます心気を引き締め、なおも地味に地道にコツコツと平常の心身錬磨の実をあげるよう精励してゆかねばならぬ。

顧みれば合気道が、今日のごとき隆盛をみるにいたったのも、じつは開祖をはじめとする先達たちの営々たる修業からもたらされたものなのである。激動の時代にも周囲の情況の変化にもなんらわずらわされることなく、常に黙々として心気を引き締め、地味に地道にコツコツと心身錬磨の実を積みあげてきたひとびとの、おのずから築きあげてきた成果のある結果が今日の隆盛を見たのである。今後なお、地球・人類が生存しつづけるかぎりは絶えることなくつづくであろうと確信する合気道の歴史から見るならば、今日の隆盛は道の一里程にすぎぬことを合気道修業者は知るべきである。今日の隆盛が、合気道史上の一過程的なる現象にすぎぬことを心に深く自覚しなければなるまい。

いずれにせよ合気道は本年（昭和五十六年）、前にもふれたように「本部道場創建五十周年」を迎える。まことに記念すべきことであり、全合気道修業者とともに心より慶賀したいことである。

と同時に私たちは、この区切りのよい節目を迎え、やがては送るにあたって、あらためて明日に向かって前進の歩を力強くすすめなければならぬ。そしてその際私たちが何よりも念頭におかねばならぬ大事は、合気道の全歴史を貫かせねばならぬところの「合気道の中心」の軸の確認なのではなかろうか。

すなわち「合気道のこころ」。合気道の中心のこの「こころ」をそれぞれがみずからの心の奥底に深くいだきつづけることによって、合気道は、その道統を永遠に継ぎまた継いでゆくであろうと私は確信してやまないのである。

『合気道のこころ』復刻にあたって

『合気道のこころ』の初版が発刊されたのは昭和五十六年。本部道場が創建されてから五十年目を迎え、世界の合気道人口が七十万人へと達し、さらに普及・発展しようという時でした。吉祥丸二代道主は合気道の普及・浸透に尽力される一方で、合気道の機軸をずらすことなく、開祖が創始された合気道を正しく伝えていくことを大切にされました。

その後も合気道人口は増え続け、現在は世界で百六十万人の方が稽古をしています。稽古する人の数が増えただけでなく、時代も社会の情勢も変わり、稽古をする人のものの考え方も変わってきました。しかし、そのなかでも開祖が創始し、その意を汲んだ吉祥丸二代道主が社会に広げようとした合気道の本質を、私たちは守り続けていかなければなりません。

二十八年も前に発刊された本ではありますが、この内容には古いも新しいもありません。現在も、そしてこれからも生き続ける合気道の精髄です。これから先も変えてはなりませんし、変えてしまってはは合気道ではなくなってしまうのです。

本書には、合気道のこころ、すなわち合気道の技の根底に秘められている哲理、精神が著されています。合気道では気・心・体一如と言われることがあります。それぞれが個別に存在するのではありません。気・心・体が強く結びついてこそ合気道です。

ただ技だけを稽古するのではなく、技の稽古を通じて、気、心を練る。それがまた技へと還元されていく。これ念頭において稽古することで、はじめて技が生き生きとしたものになり、技に魂が入るのだと、私は確信しております。そういう稽古を積むことで、人として磨かれ成長していき、人生が豊かなものになる。このことは、合気道に限らず、あらゆる道に通ずることではないでしょうか。吉祥丸二代道主が、生涯をかけて世の人に合気道を広めようとされた所以《ゆえん》だと思います。

本書が、合気道の稽古をする人だけでなく、広く一般の方においても、生きる道しるべとなれば幸甚です。

平成二十年十月

合気道道主　植芝守央

●著者　植芝吉祥丸（うえしば　きっしょうまる）

大正十年、合気道開祖・植芝盛平の三男として出生。本籍地和歌山県田辺市。昭和二十一年早稲田大学政経学部卒。昭和二十三年、合気道本部道場長。昭和四十四年、開祖逝去により、合気道道主を継承（二代）。財団法人合気会会長、財団法人合気会理事長、国際合気道連盟会長、日本武道館理事、その他多くの要職を務めた。昭和六十一年、藍綬褒章、平成七年、勲三等瑞宝章をそれぞれ受章。合気道を世界各国に広めた功績は大きく、アトランタ、シカゴ、サンパウロなどの各名誉市民。平成六年には、ローマ法王にも謁見を許される。平成十一年一月四日、逝去。内閣により正五位を賜わる。著書、「合気道」（開祖と共著）「合気道真諦」「ＡＩＫＩＤＯ」「合気道一路」「規範合気道基本編」（共著）など多数。

●復刻版監修　植芝守央（うえしば　もりてる）

昭和二十六年、合気道二代道主植芝吉祥丸の次男として出生。昭和五十一年、明治学院大学経済学部卒。昭和六十年、財団法人合気会専務理事。昭和六十一年、合気道本部道場長。平成八年、財団法人合気会理事長に就任。二代道主入神により合気道道主となり、国際合気道連盟会長に就任。平成二十四年、公益財団法人移行に伴い公益財団法人合気会理事長に就任。平成二十五年、合気道普及発展の功により藍綬褒章を受章。公益財団法人日本武道館理事、国際武道大学評議員、皇學館大學の特別招聘招聘教授、東北大学の特別講師、その他多くの要職を務める。著書、「規範合気道基本編」「規範合気道応用編」など多数。

本書は株式会社講談社のご好意により、昭和56年10月28日
同社発行の「合気道のこころ」を復刻させていただいたものです。

合気道のこころ　復刻版

発行日　平成二十年十一月二十五日　第一刷発行
　　　　平成二十七年 六 月 一 日　第三刷発行
著　者　植芝吉祥丸
復刻版監修　植芝守央
発行者　松岡 綾
発行所　株式会社出版芸術社
　　　　〒一〇二—〇〇七三
　　　　東京都千代田区九段北一—一五—一五
　　　　電　話　〇三—三二六三—〇〇一七
　　　　ＦＡＸ　〇三—三二六三—〇〇一八
　　　　http://www.spng.jp
印刷・製本　株式会社東京印書館

ISBN　978-4-88293-359-5　C0075

合気道の誕生から、普及発展の軌跡まで

合気道開祖植芝盛平伝　植芝吉祥丸
A5判上製　定価・本体3000円＋税

合気道開祖・植芝盛平の波乱に満ちた生涯を吉祥丸二代道主が、豊富な写真と資料により詳述。唯一の開祖正伝！

合気道一路　植芝吉祥丸
A5判上製　定価・本体2718円＋税

世界九十カ国で愛好される合気道の隆盛を築いた吉祥丸二代道主が赤裸々に語る。風雲の合気道人生、戦後合気道発展の軌跡！

植芝吉祥丸道主の肖像　植芝　守央
A5判上製　定価・本体3000円＋税

門外不出とされた合気道の技と心を論理的に伝え続けた吉祥丸二代道主。その膨大な遺稿と、アルバムで辿る合気道一路の生涯。

劇画　合気道開祖植芝盛平物語　植芝　守央　山岡　朝
四六判軽装　定価・本体1200円＋税

弱虫の盛平少年が、試行錯誤を重ねながら、天下無双の武道家となり、「合気道」を創始するまでを描く波瀾万丈のドラマ！

戦後合気道群雄伝　加来　耕三
四六判上製　定価・本体1800円＋税

戦後間もない日本で、合気道に心血を注いだ吉祥丸合気道二代道主と、血気盛んな猛者たちの生き様を描く、合気道群像！